Wolfgang Schwarz

SCHLESIEN

Land an der Oder

Wolfgang Schwarz

SCHLESIEN

Land an der Oder

Mit 72 Großfarbfotos

FLECHSIG

Umwelthinweis:
Dieses Buch und der Umschlag wurden auf chlorfrei
gebleichtem Papier gedruckt.
Die Einschrumpffolie – zum Schutz vor Verschmutzung –
ist aus umweltverträglichem und recyclingfähigem PE-Material.

Titelbild: Schwarzbach, südöstlich von Hirschberg

Sonderausgabe für Flechsig-Buchvertrieb
Genehmigte Lizenzausgabe für Verlagshaus Würzburg GmbH & Co. KG, Würzburg

Originalausgabe: Kraft Verlag, Würzburg
Gesamtherstellung: Egedsa, Sabadell
Printed in Spain
ISBN 3-88189-383-0

SCHLESIEN IST GRÖSSER

Ein Land wie ein Meer,
wo kommt es nur her?
Ein Land wie ein Lied,
wohin es nur zieht?

Ein Land wie ein Quell,
so heil und so hell.
Ein Land wie ein Leid,
so groß und so weit.

Schlesien ist das Land der 666 Dichter. Schlesien ist das Land der 666 Gesichter. Aber vielleicht sind es noch viel mehr. Gewiß sind es noch viel mehr, wenn man zu den gestrigen die heutigen hinzuzählt; und zu ihnen noch die, die aus gestrig und heutig gemischt sind. Dann dürften bald 1001 Dichter, dann dürften bald 1001 Gesichter daraus herauskommen. Jedenfalls ist Schlesien immer größer als Schlesiens Landkarte gewesen.

Schließlich haben wir Schlesier unser Schlesien immer auch „Schlesisches Himmelreich" genannt. Und nach dem Verständnis, das wir Schlesier nun einmal von Himmel und Erde als einer mystischen Einheit haben, haben wir uns unser „Schlesisches Himmelreich" immer sowohl als ein jenseitiges wie auch ein diesseitiges Himmelreich vorgestellt.

Dieses Buch, das Schlesien in Farbe zeigt, besteht – überwiegend – aus schlesischen Städtebildern. Darin stehen markante Türme, Tore, Kirchen.

Ist das nicht aber charakteristisch für Schlesien: daß es ein Land aus Städten ist? Aus sehr eigenwilligen Städten, von denen viele Stadt-Staat-Profil besitzen, weswegen Schlesien nicht selten mit der Lombardei und die schlesischen Städte nicht selten mit den lombardischen Städten – den lombardischen Stadt-Staaten – verglichen worden sind?

Dieses Buch zeigt aber auch ein Schlesien, das sich – überwiegend – gen Süden neigt. Tatsächlich enthält es mehr schlesische Orte vom Süden als vom Norden. Und von Oberschlesien ist nur am Rande etwas zu sehen – freilich Oberschlesiens Kern: der Annaberg –; weshalb, um dies im Text auszugleichen, Oberschlesien ein eigenes „Bild des Wortes" gewidmet ist. Ist das nicht aber auch charakteristisch für Schlesien, daß es ein Land ist, das sich gen Süden neigt?

Dieses Buch ist also kein ganzes Schlesien-Buch. Es ist aber ein Buch aus einem Teil Schlesiens, in dem – nach dem Satz, nach dem ein Teil stellvertretend fürs Ganze steht – das ganze Schlesien erkannt sein möchte.

Mehr als erkannt aber möchte es erahnt sein.

Mehr als erahnt aber möchte es geliebt sein.

Dr. Wolfgang Schwarz

DAS MÄDCHEN MIT DEM FISCH

Hin und zurück im kriechenden Bähnle mit der alten Lok und dem Kohlentender und mit den Mohrengesichtern, den grünäugigen, wulstlippigen, zähnebleckenden des Lokführes und des Heizers, und mit der Kondukteurin, der gazelligen, galligen Frau. Ganz und gar eingerußt nach den 66 Minuten für die 38 Kilometer. Denn wenn der Wind den Rauch runterdrückt – wie an diesem schwülen Sonntagnachmittag Ende Juli 1979 – der Rauch, wohin soll er? – als in das Slalom, das naheliegt? – durch das eine offene Fenster hinein, durch das andere offene Fenster hinaus –
und wieder durch das eine offene Fenster hinein und wieder durch das andere offene Fenster hinaus – und so weiter – und so fort – bis er sich anschickt, in lustigen Bändern dem Land einen letzten Gruß zuzuwinken.
So ist's heute.
Wenn man von Breslau zum Zobten fährt. Und wieder zurück. So war's gestern auch.
Und heute wie gestern steht auf dem Zobten – dem „Zutaberg, Du schiener blooer Hübel", wie ihn Karl von Holtei liebevoll angeredet hat – eine archäologische Plastik: das Mädchen mit dem Fisch.
Als Schülern wurde uns von unseren Lehrern gestern dasselbe erzählt, was heute die Lehrer ihren Schülern erzählen: nämlich daß ein Volk aus dem Neolithikum, aus der Jüngeren Steinzeit, ein halbes Jahrtausend vor der Geburt Christi, diesen Zobten zu seinem Olymp erklärt habe. Dann hat es also – diesem Fund nach zu schließen – auf diesem Berg des Rates der Götter, ähnlich wie auf dem Olymp der Griechen die Pallas, dieses Mädchen mit dem Fisch als Ratsmitglied gegeben?
Wenn dem so wäre, wär's ein sympathischer Zug im Gesicht dieses Volkes der Silinger oder Slonsanen. Auf Schlesien und die Oder bezogen, ist's ein Symbol. Denn spiegelt sich darin nicht Schlesien? Schlesien als Land – im Mädchen? Schlesien als Oder – im Fisch?

Weihnachtspost

SCHLESIEN ALS MÄDCHEN

Der Maler Otto Mueller, typisches schlesisches Künstleroriginal mit den schwarzen Haaren eines Inders und den großen Augen des Heiligen Johannes von Riemenschneider, hat Mädchenbilder gemalt. Blasse, grüne, durchsichtige Schönheiten. Oft im Schilf. An einem Strom. Mit viel Traum und Erwartung in ihren Gesichtern. In diesen Mädchengestalten hat man gern Personifizierungen von Schlesien gesehen.
Ebenso gern hat man Gerhart Hauptmanns Mädchengestalten – das Hannele, das Rautendelein, die Pippa – als Verkörperungen Schlesiens betrachtet.
Auch Arnold Ulitzens „Bärin", ein elementares Geschöpf aus Kunst und Leben, ist gern mit Schlesien ineinsgesetzt worden.
Kann man Schlesien als Land nicht füglich mit Recht im Symbol eines Mädchens schauen?

DIE ODER

Kann man die Oder mit gleichem Recht im Symbol eines Fisches schauen?

Zumindest voller Fische kann man sie sehen – wie der schlesische Dichter Jochen Klepper in seinen „Jahreszeiten eines Oderkahns“.

„...grüngelbe Marsche mit den schwarzen Querbinden; bleigraue Zander, silberbäuchig; ihr Fleisch war im Winter besonders schmackhaft; olivgrün gefleckte, plumpe Welse mit breitem abgeplattetem Kopf, sehr geeignet zum Garnieren mit Mohrrübenscheiben und Petersilienkraut. Der interessanteste Fisch unseres Stromes! Er lauert hinter versunkenen Baumstämmen, Schiffstrümmern auf Beute, fängt mit seinen Barteln die kleineren Fische, frißt Krebse, Frösche, Wasservögel! Dieser Lachs zog von Stettin an vor uns her, von der Ostsee aus wollte er mit seiner ganzen Familie – sie bestand aus dreißig bis vierzig Köpfen – auf der Winterreise unseren Fluß besuchen.

Wir überzeugten uns von Bord aus von den außerordentlichen Fähigkeiten dieser erlesenen Tiere, denen es gelingt, vier und fünf Meter hoch über Wehre und Stromschnellen zu springen.“

Als Fisch selber schauen kann man sie freilich auch – aber das ist nicht gerade für Schlesien schmeichelhaft. Denn es hängt mit jenem Berggeist Rübezahl zusammen, dem Herrn aus dem „Wilden Heer“, dem Wolkenwanderer – „Mischung von Doktor Faust, Till Eulenspiegel, Münchhausen und Rattenfänger von Hameln“, wie ihn Hans Niekrawietz nennt –, der sich auch einmal in einen Fisch verwandelt haben soll. Da soll er – laut Hans Niekrawietz – „im Großen Teich droben im Schatten der Schneekoppe munter einhergeschwommen sein, als ein Bäuerlein ihn eingefangen und mit zu Tale genommen. Unterwegs aber passierte dem unachtsamen Landsmann das Malheur, daß ihm der Fisch entglitt und in den Bober entwischen konnte und so über Hirschberg, Löwenberg und

Die Oder – Lebensader Schlesiens

weiter über Bunzlau, Sprottau und Sagan in der Oder ausschwamm... Seitdem soll noch heute Rübezahl – was kaum jemand weiß – auch in der Oder sein koboldiges Wesen treiben und manchen Fischer gefoppt haben, doch nie mehr gefangen worden sein.“

Die Oder ist – wie auch immer sie bedichtet, besungen wird –

schlesischer Kohle, über Krappitz, Oppeln nach Breslau ziehen.

Sie ist die Heimat der Oderschiffer, der „Brieger Gänse“, aber auch des „Schifferklaviers“ und der „Schnutenorgel“. Sie ist die Mutter der Kanäle, des Klodnitz-, des Stollenkanals. Bergleute, Baumeister, Erfinder, Ingenieure haben die Oder zu ihrem Medium gemacht. Blei und Silber verbinden sich mit der Oder ebenso wie die Eisenhütten-Industrie. Auch Goethe – mit seinem Besuch in Tarnowitz, seiner Inspektion des Steinkohlenbaus in Oberschlesien – steht in der Nähe der Oder. Überhaupt alles, was Fortschritt heißt, Technik, schöpferisches Werk des Menschen, um sich die Natur nutzbar zu machen. Die Oder ist Schlesiens Unruhe, Schlesiens Kreativität. Sie ist – so widersprüchlich das klingen mag – dabei zugleich Schlesiens Ruhe, Schlesiens Frieden.

BRESLAU

„Voller Gold und zärtlicher Namen" ist für den Breslauer Dichter Ernst Günther Bleisch Breslau. Zärtliche Namen? Hat man da nicht die lustigen Namen der Breslauer Straßen und Gassen im Ohr:

Ketzerberg
Altbüßerohle
Hundehütte
Brigittental
Siehdichfür
Bleiche?

Denkt man da nicht auch an eine Kirche, die Sankt Maria auf dem Sande heißt? Einer hat auf Sand gebaut? Nein. Auf dem Sande baut Breslau sein schönstes Gotteshaus auf. Also die auf dem Sande in Breslau baun, baun Breslaus schönes Gottes- und Menschen- und Geistes- und Liebes- und Staats- und Gesellschaftshaus auf...

Tatsächlich: die hohe Architektur auf der Sandinsel, überragend Breslaus hohe Dächer, steht jetzt nicht nur in ihrem Stolz zum Himmel – im Innern ist dieses Gotteshaus nun so wiederhergestellt, daß es in seiner Einfachheit und Größe packt; daß es, weiß Gott, Breslaus schönstes Gotteshaus geworden ist. Verstellender Barock-Bausch ist weggewischt.

So kann man hier beten im Wortlaut des „Cherubinischen Wandersmannes" des Breslauer Priesters und Dichters Johannes Scheffler alias Angelus Silesius: „Fragst du, warum ein Christ sei fromm, gerecht und frei, so fragest du, warum ein Lamm kein Tiger sei."

Und so beten hier Tausende von Pilgern.

Und so kann man's hier singen hören im Ton der alten schlesischen Marienlieder – eines Musik-Himmels eigener innig-schwermütiger Art.

Zum Beispiel im Ton des „Ave Maria" von Nikolaus von Cosel, eines Franziskanermönches aus dem Beginn des fünfzehnten Jahrhunderts.

„Ave morgenstern,
erleuchte uns mildiclich!
wir dienen dir so gerne,
erhöre uns genädiclich!
Unser Herze dir loben begert,
du bist auch alles lobes wert
in himmel und auch auf erd.
Wir singen dir vil süssen ton,
dich loben alle engel schon
in des himels tron."

Und so hören's Tausende von Pilgern hier. Eine richtige Pilgerkirche ist Sankt Maria auf dem Sande geworden.

Wie sehr übrigens Schlesiens Marienlyrik bezaubern kann, erzählt Günther Michalke in der Festschrift für Clemens Riedel. Da kommen schlesische Heimatvertriebene auf einer

„Goldene-Becher"-Seite des Breslauer Rings

Pilgerfahrt nach Rom. Sie werden in Santa Maria Maggiore von einem Kardinal der Kurie freundlich empfangen – aber reden will dieser Kardinal nicht zu ihnen; eine solche Rede ist im Protokoll nicht vorgesehen. Dennoch möchten die schlesischen Heimatvertriebenen gern eine Rede aus seinem Munde hören. Da fangen sie an – um ihrer Bitte Nachdruck zu verleihen – einer nach dem anderen von den schlesischen Marienliedern zu singen. Sie rühren den italienischen Kurienkardinal damit so sehr, daß er am Ende doch – aus vollem quellendem Herzen – zu ihnen spricht.
Breslau – „Liebes Breslau", so redet es Alfred Kerr, der hartgesottene Kritiker, herzlich an, „es schwebt ein Gedenken zu der Oderstadt – mit ihren Heimlichkeiten und ihrer Morgenfrische. Mit neuem Leben... und Giebeln aus alter Zeit.
Wie schön ist sie? An manchem stillen Abend im Juni. Wenn die Gegenwart... wie mit halber Kraft in umblühten Städten atmet. Wenn eine Beschaulichkeit, aber doch mit allerhand Gelüst nach weltlichem Treiben, unruhig-ruhevoll dahindämmert. Wie schön in ihrem Baumgrün um den Stadtgraben. Breslau!
Wie schön im Dezember, wenn die Leute vom Land gekommen sind, Besorgungen zu machen. Wie schön ist eine Ecke vom Ring, noch Läden zu (wenn man es winters durch die Scheiben einer gutmütigen Droschke sieht). Und die Goldene-Becher-Seite!
Wie schön ist es draußen im Domteil, jenseits von der Welt."
Aber Breslau – das ist auch die Jahrhunderthalle. Gebaut 1913 zur Jahrhunderterinnerung an das Jahr 1813. Als sich in Breslau die ersten Freiwilligen gegen den Tyrannen Napoleon erhoben. Als hier in Breslau – und von Breslau aus in ganz Schlesien – eine Volkserhebung gegen den Totalitarismus wuchs! Da haben große Künstler Erinnerungswerke an dieses Jahr 1813 für die Jahrhunderthalle geschaffen. Gerhart Hauptmann sein „Deutsches Festspiel in Reimen". Max Reinhardt die Inszenierung dieses Deutschen Festspiels.
Breslau, als Zentrum Schlesiens, mit seinem Dom, seinem Rathaus, seiner Universität – das ist aber auch das, was Hugo Hartung in der Erinnerung an die schwärzeste Zeit Breslaus schreibt:

„ICH ERINNERE MICH"

wie im belagerten Breslau bei den Söldnern und Zivilisten immer wieder das Wort zu hören war: Der Schutzmantel der heiligen Hedwig beschirmt das Land. Hedwig, die Süddeutsche, die Tochter des Grafen von Andechs und Meran, heiratete den polnischen Piasten Heinrich I. Durch ihren Glauben, durch ihre Menschlichkeit und ihre kolonisatorische Tüchtigkeit wurde sie zur großen historischen Figur. Die Polen machten ebenso Wallfahrten zu ihrem Trebnitzer Grab wie die Deutschen. Ihr Grab ist im Lande geblieben. Sollte nicht auch ihr Schutzmantel im Lande gebreitet sein?"

DAS RIESENGEBIRGE

Das Riesengebirge ist Schlesiens Gralsgebirge. Zugleich ist es Schlesiens Zug nach dem Süden, Schlesiens Zug zur Mitte. Und was fürs Riesengebirge gilt, gilt für jedes schlesische Gebirge. Die Heuscheuer. Das Glatzer Ländchen. Alles das nimmt sich südlich, nimmt sich „mittlich" aus. Was durchaus mit „ge-mittlich" zusammenhängt. Nicht von ungefähr hat dieses Wort etwas Mittelndes, Mitte-Machendes an sich.
„Mittler zur Mitte" – so hat Günter Grundmann einmal den Schlesier genannt, den von heute, der sich im Westen als Mittler zur Mitte versteht, weil er den Westen mit dem Osten, als Östlicher, zu verbinden strebt.
Schlesien – es zieht sich zu den Montes hinauf, von denen man meint, sie machen die Menschen zu Goldmenschen – Goldgräbern, aus denen, wenn sie das richtige Gold überm

Dorfschmiede

falschen Gold finden, Goldmenschen werden.
Gerhart Hauptmanns „Alter Wann“ in dem Glashüttenmärchen „Und Pippa tanzt“, geheimnisvolle Figur, aber Weisheit in Person, hat Züge von Litapo oder Tufu, von Denkern aus dem Lande der Mitte.
Ein Wandererparadies nach wie vor ist das Riesengebirge – es wird von den Berlinern ebenso wie von den Dresdnern bewandert. Zwischen Himmel und Erde vermittelt es ebenso wie zwischen Glasbläsern und Glas-Fans, zwischen Holzbildhauern, wie denen von Warmbrunn, und Liebhabern von holzgeschnitzten Männlein und Weiblein. Das Riesengebirge hat eine ganze Bibliothek von Koppenbüchern geschaffen – eine Literatur von Laien und Profis über seine Höhen und Tiefen, seinen Rübezahl und sein „Kreuz im Gebirge“, das berühmte Bild des Caspar David Friedrich.
Noch mancher Vers wird über das Riesengebirge geschrieben werden – denn wie diesem Gebirge die Phantasie nicht ausgeht, um neue Szenen der Wolken, der Verwandlungen zu bilden, wird den Menschen, die es besuchen, die Phantasie nicht ausgehen, in seine Geheimnisse, seine „Himmelreiche“ zu leuchten. „Himmelreich“ – hat nicht so die Endstation der Hirschberger Talbahn geheißen?

GRIEBLER

„Griebler“, so nennt man einen Schlesier, der auf seine schlesische Weise „grübelt“, denkt.
Das ist oft eine knüllige, kauzige Weise. Sie hängt mit dem zusammen, was von Gerhart Hauptmann – ebenso komisch wie das Wort „Griebler“ – „getuppelt“ genannt wird. Gerhart Hauptmann hat damit ein Stichwort gegeben – für Schlesien, für den Schlesier.
Getuppelt, das heißt: gedoppelt. Schwer zu sagen, was das ist. Aber so etwas Ähnliches wie: daß man immer das eine und andere zugleich sein kann. Also immer, wie der Schlesier, ein Österreicher und Preuße zugleich, ein Versponnener und Nüchterner zugleich. Auf keinen Fall heißt getuppelt: gespalten.
Einer der eigenwilligsten, schrulligsten, tiefsten und weltläufigsten schlesischen Geister ist der Görlitzer „Schuhmacher und Poet dazu“ Jakob Böhme gewesen. Er hat für dieses schlesische Denken – dieses „Griebeln“ – ein Paradewort geschaffen. Man kann es jedem ins Stammbuch schreiben, der wissen will, was Schlesien, was ein Schlesier, was das Besondere an diesen beiden ist. Selbst hat es Jakob Böhme, so oft es ihm möglich gewesen ist, seinen vielen Freunden ins Stammbuch geschrieben.

> „Wem Zeit ist wie Ewigkeit
> und Ewigkeit ist wie Zeit,
> der ist befreit
> von allem Streit.“

Wenn man diese vier Zeilen mit dem Gerhart Hauptmannschen „Getuppelt“ zusammenbringt, kommt man auf folgendes: Wer „getuppelt“ lebt, das heißt sowohl in einem Teil des Lebens, der Zeit, wie auch im anderen Teil des Lebens, der

Ewigkeit – der lebt auch immer als ein auf die Zeit bezogener und als ein auf die Ewigkeit gerichteter Mensch – zugleich! Er lebt also immer in einer Spannung – aber einer schöpferischen. Denn wenn er nur in der Zeit lebte, wäre er scheuklappig, verbohrt, lediglich auf Zeitliches orientiert. Wenn er hingegen nur in der Ewigkeit lebte, hätte sein Leben zu wenig Sorge, Achtsamkeit für das Hiesige.
Er lebt insofern schöpferisch, als er aus dem einen Leben, dem in der Zeit, für das andere Leben, das in der Ewigkeit, lernt; als er aus dem anderen Leben, dem der Ewigkeit, aber auch für das eine Leben, dem in der Zeit, lernt.
Vor allem wird sich das im Verhältnis des Menschen zu seinen Mitmenschen äußern – dieses Leben in zwei Leben. Er wird, was er seinen Mitmenschen antut, was seine Mitmenschen ihm antun, also dieses Zeitliche, das so viel Streit bringt, immer vor dem Ewigen sehen – und er wird es so anders sehen, als wenn er diese Sicht aufs Ewige nicht hätte. Er wird es schöpferisch sehen. Er wird daraus etwas Dauerhaftes machen. Nicht Streit, sondern Freiheit vom Streit. Frieden. Das bringt die Umkehrung des Verhältnisses von Mensch zu Mensch mit sich. Bringt mit sich, daß der eine Mensch im anderen nicht seinen Gegner, sondern seine Ergänzung sieht – sein anderes Ich.
Vielleicht versteht man aus dieser kleinen Überlegung – der Deutung des berühmten Jakob-Böhme-Wortes und der Anwendung dieses berühmten Jakob-Böhme-Wortes im Blick auf die Verhaltensweise, also die Moral: daß der Schlesier zu etwas neigt, was die moderne Philosophie, beispielsweise in der Gestalt des großen jüdischen Weisen Martin Buber, „Anderheit“ nennt.
„Anderheit“ – es bedeutet: das Leben des einzelnen Menschen zum anderen Menschen hin. Mit dem Blick auf den anderen. In der Überzeugung, daß der andere das andere Ich ist; daß er mit einem selbst, als Ergänzung, ja als „Lebensluft“, existentiell zu tun hat.
Man hat oft darauf hingewiesen, daß in Schlesien das Verhältnis der Slawen und Germanen in der Zeit der Besiedlungen nie feindselig gewesen ist, auch daß sich in den Religionskriegen der Reformationszeit Schlesien durch ein friedliches Nebeneinander der Konfessionen ausgezeichnet hat.
Ob das mit dieser schlesischen Moral verquickt ist? Mit diesem schlesischen „Griebeln“, aus dem diese schlesische Moral kommt?

OBERSCHLESIEN

Oberschlesien bedarf eines eigenen Kapitels – denn es ist etwas Eigenes, zugleich ist's Schlesiens Schild.
Vor den Notenlinien Oberschlesiens steht ein Schlüssel aus Rauch.

Grußmutter spinnt

Es ist Rauch aus verschiedenen Feuern, der sich in den Himmel schreibt mit bizzaren Buchstaben, die aber alle sehr deutliche Worte ergeben: Worte wie Arbeit und Ordnung und Liebe und Sparsamkeit.
Rauch aus verschiedenen Feuern – was soviel heißt wie: daß hier viele Öfen geheizt werden, deren Heizer von unterschiedlichem Aussehen sind.
Denn da findet man, verhockt vor dem Ofen, den das Holz aus dem Hirschforst heizt, einen hutzligen Mann, der Jahrhunderte alt zu sein scheint, einen Mann mit den Runzeln des Kräuterkochers und den Runen des Weissagers und den grünen Augen des Immer-Mißtrauenden. Einen jener hochherrschaftlichen Diener aus alten Schlössern, der sich zum Herrn ermächtigte, allerdings nicht nach außen, indem er über's Gesinde regiert, sondern nach innen, indem er sich mit den mummenschänzigen, schabernackigen Geistern zusammentut, mit dem Odrabil und der methusalemischen Baba, und mit ihnen sein karusselhaftes Leben lebt.

Spießrutenlaufen

Ein solcher Mann bläst in den roh-backsteinernen Kamin, und das Feuer tanzt vor seinen Augen. Und wer sich etwas erzählen lassen will von einem Gestern, das hier gewesen, von Überschwemmungen, bei denen die Leichen in den Keller geschwemmt wurden und liegen bleiben und noch heute dort liegen, und von den Siegen des Feldmarschalls Blücher und den Kosaken, die damals dabei waren, und von manchem anderen, auch von den Annabergischen Mönchen und Bußgängern, der gehe in eines der Schlösser, die wie Ostereier in den Waldnestern des oberschlesischen Landes zu finden sind, und suche einen von diesen hochherrschaftlichen hutzligen Dienern auf.
Der Sohn dieses Dieners allerdings steht an einem anderen Ofen. Es ist der Hochofen der Hütte. Eine rote Garde solcher Hochöfen salutiert an der Bahn entlang, die von Gleiwitz nach Beuthen führt, eine Reihe roter Westen und Gewehre aus Schornsteinen und Säbeln aus Stahl. Der Sohn dieses Dieners sieht wie ein Kobold der Hölle aus mit seinem geschwärzten Gesicht und dem bronzenen Oberleib, den Armen, den hochgemuskelten, und den Gebärden aus Stolz. Er ist ein Arbeiter und hat seinen Standesgeist.
Es ist nicht gut Kirschen essen mit ihm. So sorgsam und zäh, halsstarrig und geduldig er bei seinen Verrichtungen ist, so explosiv und wild und bisweilen zigeunerhaft gibt er sich in den Stunden danach. Da zögert er nicht sehr lange, bis er zum Klappmesser greift. Und der Schnaps hitzt sein Herz, und der Poker kitzelt ihm seinen Kopf. Manch einer, der einen Kretscham besuchte, der in der Nähe der Hütte seinen bruchbudenhaften Zigeunertrotz in die Welt stellte, fiel schon beim Aufmachen der Tür wieder zurück. Er ging erst gar nicht hinein. Er lernte erst gar nicht das Kosekonzert aus Fluchwörtern kennen.
Doch eben – ein Kosekonzert, das wird hier gespielt. In den Orten, die an der Halde sind, Beuthen und Gleiwitz und Tarnowitz und wie sie heißen.
Ein Kosekonzert eines Feuervolkes, das selbstredend anders

ausfällt als das wispernde, zirpende einer Gesellschaft vom weichen See. Hier ist Wogengang von Gnaden Vulkans, als ob das Leben ein Schiff sei, das auf einem Meer aus ständigen von Strombolis aufgeregten Wellen dahintreibt.
Das Teilstück der Hochöfen und Bergwerke ist Oberschlesiens rotes Herz. Aber es gibt auch ein grünes und blaues und gelbes Herz Oberschlesiens.
Es gibt das Gebirge, das Altvatergebirge, aber auch das Bergland des Annabergs. Es gibt die Oder mit ihren Nebenflüssen, Kanälen und Bächen. Und schließlich die gelbe Zitrone des oberschlesischen Witzes, eines überlistenden, tief in den Hintergrund guckenden, eines mit dreister Nase schnüffelnden und doch auch großäugigen, himmelanschauenden Witzes.

„Auf dem Berge Kriwowatschich
großes Baum gewachsen hat sich,
grien und und blau von Aangesicht
und sich cheißt Vergießmeinnicht.
(Ieberschrift: „Der Veilchen")

Das alles gibt es in Oberschlesien. Und noch viel mehr. Das Gebirge ist keines von denen, das sich mit anderen messen will. Keines von den besucherlockenden, die ihre Reize den Großstädtern anbieten. Sondern: ein Alt-Vater-Gebirge, eine Runde von Bergen geringeren Anspruchs, ein geographisches Angebinde von kargem Klang. Bis auf jenes Bergland des Annabergs, das sich nicht verbergen konnte, sondern in den Scheinwerfer der Kulturgeschichte geriet. Denn ein Kloster stand darauf. Das war ein Bauwerk von weithin sichtbarer Weiße, eine Orgel auf einem Chor. Und einen Garten Golgatha besaß dieses Kloster an seiner Seite. Der rief die Sünder aus allen Winden zur Einkehr. Und so kamen sie denn mehrere Male im Jahr. In bunten Prozessionen wallfahrteten sie heran, geführt von fahnenschwingenden Jungfrauen und Jungmannen, besprochen von Mönchen, die viele Sprachen verstanden und von Herzen zu reden wußten.
Annaberg, das war ein anderer Name für Rom oder Jerusalem. Da ging es wie auf einem Jahrmarkt zu, wie auf einem Jahrmarkt der Eitelkeit, aber auch wie auf einem Jahrmarkt der Scham. Beides mischte sich hier. Die Charlatanerie der

Stilles Gebet

Feierabend

Buden-Leute und die Bizarrie des fahrenden Volks der Maroniröster und Ansichtskartenbemaler war ebenso annabergisch wie die vor aller Angesicht aschebestäubte Stirn einer adeligen Büßerin und die seufzende Seele des Großmagnaten aus Pless.
Annaberg – das hieß: Abgrund der Feilscherei, aber auch Abgrund der Frömmigkeit – zwei Welten in einer Welt, über welcher die Heilige Anna thronte, die Anna selbdritt. Und selbdritt nahm sich das Leben hier aus. Als eine Dreieinigkeit aus Glauben und Lebenslust und geschäftiger Gier.
Schwer zu enträtseln ist so etwas selbstverständlich. Solch Miteinander und Ineinander von himmlischen Verzückungen, irdischen Versuchungen und dem Krämergeist. Doch besser als alle Enträtselung ist die Feststellung, daß es so ist – und daß es anmutig ist.
Eine Szene aus der großen Komödie des Menschen – und nicht die schlechteste.
Überlistet wird jedenfalls alles Hoch- und Tugendhaft- und Fromm-Tuende hier in Oberschlesien stets von der zugukkenden Schalkhaftigkeit des Narren. Und solch einen Narren hat jeder Oberschlesier in sich drin.

Der Antek und der Franzek –

Wenn sich Antek mal besauft,
gleich kommt seine Frau gelauft,
nimmt sich Paplik von dem Hoslik
und verhaut das arme Joslik.
(Ieberschrift: „Das schwache Geschlecht“)

Wie der Kater zu die Mäuser
über Dächer, über Häuser
also schleicht sich Franzek hin
zu dem Haus der Schwägerin.
(Ieberschrift: „Bruderliebe“)

Dieser Antek und dieser Franzek – das ist ein Paar, das im Gemüt jedes Oberschlesiers zu Hause ist. Und es ist gut so. Das schützt vor dem blitzenden Eifer, der die Hütten verbrennt und die Städte zerstört. Der Oberschlesier ist keiner von solcher Art. Obwohl er hart und entschieden für seine Sache eintritt. Und bisweilen sogar in den Ruf eines Raufboldes um seines Oberschlesiens willen geraten ist.
Aber dieses Kraftmeierrische ist nur das, was er auftafelt. Das, was er tut – und er tut dies gern –, um zu imponieren. Da freilich läßt er es sich etwas kosten. Denn er ist gastfreundlich. Und des Lobs aus dem Munde anderer ist er bedürftig. Doch wenn dem genug geschehen ist, dann zeigt er sich von einer ganz anderen Seite. Dann ist er zahm wie ein Lamm, dann versteckt er sich hinter seinem Tisch. Dann ist er um so bereiter, von anderen zu lernen, sich imponieren und sich belehren zu lassen. Und zu gehorchen und zu dienen. Zu gehorchen und zu dienen versteht der Oberschlesier wie kein anderer. „Ich dien“ – es ist ein oberschlesisches Wort. Ein männliches, weibliches, großes.
Er versteht es bis zur Preisgabe seines Eigenen. Und zu Unrecht ist er darum von vielen als Sklave bezeichnet worden.

Es ist indessen etwas Samariterhaftes, etwas Caritatives in diesem oberschlesischen Dienen und Gehorchen.
Kaum irgendwo gibt es so viele Liebesplätze für jedermann wie in Oberschlesien. Die radelnden Mägde Mariens, die nicht nur den Kranken, sondern auch den Gefallenen, Gestrandeten, Gestrauchelten, den Bresthaften aus den Fabriken und den Schulkindern, die mit ihren Aufgaben nicht fertig werden, zur Seite stehen, gehören ebenso zu Oberschlesiens Erzvögeln, wie jene Schulmeister von Gnaden Pestalozzis, die hier ihre Lehrgärten zugleich als Pflanzgärten der Sorge für alle Menschen ausbauen.
Der Barmherzige Samaritan – als solchen sehen die Oberschlesier auch ihren Heiland an. Und in vielen Votivtafeln und Bildern über den Betten zeigt er sich so, in einer freilich zuweilen süßlichen Sanftmut. Aber dahinter steht immer die schwielige Hand, die solche Sanftmut im stillen Nachfolgestil zu verwirklichen strebt.
Das ist das grüne Herz Oberschlesiens. Das Herz, das behütet, so wie die Wipfel Eichendorffs das Leben behüten, auch wenn es darunter den Weg seines Schicksals zu gehen hat.
„Wir wollen all nachhause". Das ist Oberschlesiens Melodie. Wie es in dieser Zeile Eichendorffs heißt. Doch das blaue Herz Oberschlesiens weiß auch, wie es in dem Eichendorffschen Gedicht weiter heißt: „Und wissen nicht wohin".
Es ist eine blaue Verzweiflung in diesem Land, ein melancholisches Dahinweinen über Wiesen und Wälder. Und auch die Oder entlang. Denn traurig sieht dieser Strom, dieser Wanderer im Nebel, aus. Und daran ändert auch nichts das Treiben der Holzflößer und Schiffersknechte, die knurrende Kommandostimme des Kapitäns und das Auf- und Abladen der Kähne. Es ist Trauer an allem Tag, der an der Oder gelebt wird. Trauer eben über das Nichtwissen wohin.
Denn soches Nichtwissen fließt mit der Oder von der mährischen Quelle bis in das Ostmeer.
Aber das gelbe Herz Oberschlesiens lacht. Es hat ein neckisches Mondgesicht. Ein verschmitztes Gefälte sitzt ihm auf der Stirn. So viele Spottschnäbel wie die oberschlesischen gibt es kaum anderswo. So viele Eulenspiegel-Mienen sind selbst in Flandern nicht zu finden. Und Gott sei Dank, daß dies so ist.
So steigt auch immer wieder der Dichter aus diesem Lande als einer, der das gelbe Herz Oberschlesiens auf seinen Lippen hat und freilich die anderen Herzen, das rote, das grüne und auch das blaue, gut kennt.
Und was er singt, ist immer ein Lied, vor dem ein Notenschlüssel aus Rauch steht.

Sonnwendfeier der Wandervögel

DER ANNABERG UND DIE „SCHÖNEN MADONNEN“

Schlesisches Volkstum – ein pointillistisches Bild! Da steht die Bunzlauer Keramik-Kanne neben der Vase mit dem Teufelsbart. Dieser Teufelsbart darf als Schlesisches Gewächs – als Teufels-Bann-Elixier – nicht fehlen. Denn dieser Teufelsbart ist deshab an allen Hängen des Riesengebirges zu finden, weil er buchstäblich vom Teufel und seinem Absturz vom Riesengebirge herrührt. Tatsächlich hat ihn der Teufel verloren, als er, holterdipolter, von Rübezahl verjagt, aus Rübezahls Gebirge geflohen ist. Und wie das so ist – was vom Bösen selbst herrührt, wie dieser Teufelsbart vom Teufel, bannt auch das Böse!

Annaberg – dieser Name birgt ein ganzes Volkstums-Museum in sich! Ein Wallfahrtsort in Oberschlesien, ein Lourdes, aber östlich! Mit kirchlicher Folklore von Prozessionen bis zum Knie-Gang auf den Kalvarienberg. Das Lichtermeer der Pilger – wer es gesehen hat, vergißt es nie! Ebenso vergißt, wer sie je gesehen hat, nicht die „Schönen Madonnen“, Schlesiens Marien.

Ernst Günther Bleisch erzählt – nach seinem Besuch des Volksmuseums im ehemaligen Regierungspräsidium zu Breslau – folgendes Kuriose von ihnen: „In diesem Volksmuseum sind auch die schönsten der ‚Schönen Madonnen‘ aus Schlesien versammelt, so die Muttergottes auf den Löwen aus Hermsdorf.“

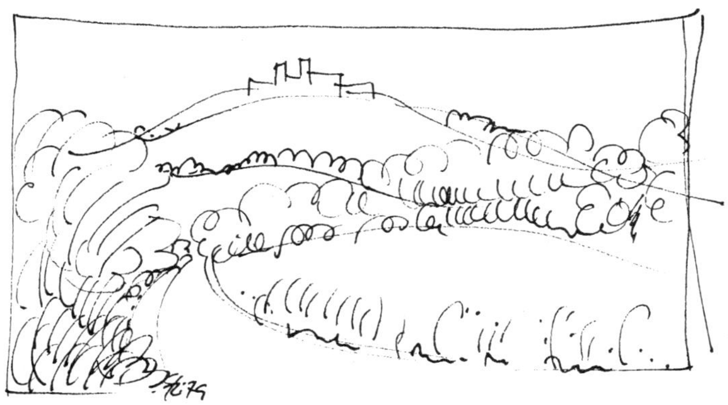

Annaberg

Da also, wo gestern Schlesiens Regierungsräte Schlesiens Wirtschaft, Verkehr, Landbau und Waldwesen verwaltet haben, da walten heute „Schöne Madonnen“ ihres stummen schirmenden Amtes...

Ist das nicht kurios?

Mir will es so vorkommen, als ob die zeitlose Gebärde der „Schönen Madonna“ – das Neigen ihres Kopfes zu ihrem Kind – Schlesiens zeitlose Gebärde ist...

SCHLESIEN – KONVENTIKELLAND

Mein Freund Alfons Hayduk, Steigbügelhalter Schlesiens in gefährlicher Zeit, selbst ein „Konventikler“, meinte, Schlesien sei ein „Konventikelland“. Was er im Auge hatte – die pointillistische Topographie der schlesischen Sekten und Vereine. Ihre reizvolle Unruhe beunruhigte ihn so, wie sie ihn beglückte. Mein Gott, ein Land, in lauter kleinste Teile geteilt – geistig, gesellschaftlich – ist das nicht Schlesien? Ist's nicht liebenswert so?

Caspar Schwenckfeld, der Pfarrer und Autokephal, Gründer einer Kirche Christi aus eigenen Gnaden: Ernst genommen hat er den Luthergedanken, daß jeder einzelne „direkt zu Gott“ stehe. Und daß es also, was das Christentum betreffe, auch um ein „Direkt zu Christus“ gehe, eine unmittelbare Sache. Und wenn schon eine Gemeinde, um in Gemeinschaft Christusinne zu sein, dann eine ohne Zwischeninstanz zwischen ihr und dem Himmel, auch dem Himmel der weltlichen Autorität.

Konventikel – Atomkerne des Denkens, des Dichtens, des geschäftlichen Interesses, des gesellschaftlichen Tuns. Einem solchen Atomismus ist Schlesien als Land der Kultur immer verfallen gewesen. Und das ist nichts Schlechtes, sondern etwas überaus Produktives gewesen. Es ist ja in Schlesien weiß Gott Produktivität über die Maßen das Klima gewesen, in dem sich, wer je in Schlesien gewesen ist, wohlgefühlt hat.

GERHART HAUPTMANN – SCHLESIENS GENIUS

Heute, nach so viel Eindringen in das Werk des großen Dichters vom Wiesenhaus in Agnetendorf, wissen wir dies: Es schwebte Gerhart Hauptmann vor, eine Geschichte der Menschheit zu schreiben, und zwar erläutert durch die Erlösergestalten, die durch sie hindurchgehen. „Indipohdi" zum Beispiel, dieses Drama kreist um den Sonnengott im Inka-Reich. Eine Erlösergestalt, fern im Atlantischen, wird mit ihm beschworen. Eine andere Erlösergestalt aus jüngeren historischen Stunden, Gustav Adolf, erhebt sich im dramatischen Fragment „Die Hohe Linie". Orest, der Held der Atriden-Tetralogie, ist auch eine Erlöser-Verkörperung. Genauso wie der Michel Hellriegel, der Jüngling, der durch das Glashüttenmärchen „Und Pippa tanzt" geht.
Gerhart Hauptmann befragte, in diesem Streben, die Geschichte der Menscheit zu schreiben, beinahe die gesamte vor ihm liegende Literatur der Menschheit. Kein Wissenschaftler, dafür ein intuitiver Leser war er – er vertiefte sich in Dante und Shakespeare, in das Gilgamesch-Epos und in die Zend-Avesta, die Schrift, die auf Zarathustra, den persischen Propheten, zurückgeht. Vor allem, wie Goethe, griff er nach dem Volksbuch vom Doktor Faust, nahm er sich den Wundertäter, Magier, aber auch Theologen und Mediziner, den Universalgelehrten Doktor Faustus, vor, um durch ihn zu erfahren, wie es mit Welt und Überwelt ist – aber auch mit dem Menschen, der sich dem Teufel verschreibt, dem modernen Menschen, dem gottleugnenden, sich selbst setzenden Übermenschen, diesem Hitler, Stalin, Mao. Skizzen zu vielen Faust-Dramen liegen im unausgehobenen Gerhart-Hauptmann-Nachlaß.
Das ist schlesisch. Und darin ist Gerhart Hauptmann der schlesische Dichter, der das Schlesische am klarsten verkörpert. Dieses Wollen, etwas Umfassendes zu tun. Gewiß, in den „Webern" erhebt sich der schlesische Sozialreformator, in der „Versunkenen Glocke" der schlesische Zweifler an Gott und der Welt, in einer Figur wie dem „Bahnwärter Thiel" der Wartende an den Schienen – im inneren, im äußeren Sinn. An den Schienen: ob es darauf nicht einen Zug gibt, der in die Unendlichkeit fährt.
Hier aber, in der Werkstatt des Unvollkommenen, seiner liebsten Bleibe, ist Gerhart Hauptmann das Symbol für Schlesien, welches auch eine Werkstatt des Unvollkommenen ist, eine Werkstatt zwischen Himmel und Erde, wie Friedrich Bischoff Schlesien genannt hat.
C. F. W. Behl, der Freund und „Eckermann" Gerhart Hauptmanns, hat Schlesien – mit dem Blick auf die Gerhart-Hauptmann-Gestalten „das Rutandla", die Pippa und den Wann – mit diesen Versen gerühmt:

„Solang in Böhmes Schusterkugel spiegelnd,
der Gottesfunke sich der Welt bewahrt,
wird Menschenwillkür nimmermehr besiegelnd
auslöschen Schlesiens ewige Gegenwart.

Solang ‚O Täler weit, o Höhen!'
von Eichendorff das Lied erklingt,
wird Schlesien durch die Zeit bestehen,
in der des Schnitters Sense singt.

Solang Rutlandla geistert, Pippa schwebt,
und Wann, der Alte, Zauberfäden spinnt,
ist Schlesien unverloren – und es lebt,
ob auch der Sand durchs Glasgehäuse rinnt."

SCHLESIEN – DAS IST AUCH EIN LAND, DAS AN RUSSLAND GRENZT

Schlesien– das ist auch das Land, das an Rußland grenzt. Denn da gibt es die Ebene östlich der Oder, die erst am Ural aufhört. Aus ihr kommen Menschen, die, wie Abraham von Franckenberg, eigene weite Wege zu Gott wollen, Menschen ohne die Scheuklappen der Konfessionen, der Systeme, des Bürgerlichen. Man spricht von den sprichwörtlichen schlesischen Narren in Christo, die, entsprechend den russischen Narren in Christo, Heiligen ohne Heiligenschein, aber aus Dreck und Menschentum, eine eigene schlesische Komponente sind, eine freilich oft vergessene. Man nennt dabei den Görlitzer Jakob Böhme ebenso wie den Breslauer Angelus Silesius, aber auch die obskuren Tischler und Somnambulen, die durch Schreiberhau und Stonsdorf geistern, Randfiguren, Objekte der Brüder Carl und Gerhart Hauptmann. Den Sprottauer Propheten Kotter, die Schul-Hermine, den Kohlfurter Jüngling – Verrückte, zugleich Begnadete, die Untergänge, aber auch Reiche Gottes voraussagen.

DIE SCHLESISCHEN FECHTER

Nicht jene wie der Fechter des berühmten Fechterbrunnens vor der Breslauer Universität sind gemeint, bronzene tänzerische Gestalten – sondern streunende, gestrandete Leute. Gleichwohl mit nämlichem Stolz. Fechter beide dem Namen nach. Aber auch von der Abstammung her. Der „Kluge“, der Wort-Etymologist, der's wissen muß, weiß zu vermelden, daß „fechten“ in der Bedeutung von „bettelnd wandern“ davon abgeleitet wird, daß die, die das vom 16. Jahrhundert an taten, tatsächlich beides waren: Tänzer, Sportler, Wanderer, Bittsteller.
Daß diese „Fechter“ in ihres Wortes zwiefacher Art zu einem Symbol für den Schlesier geworden sind – geschichtlich hat's

Der Fechter

seinen Grund. Gustav Freytag hat schon, in seinen „Bildern aus der deutschen Vergangenheit“, darüber nachgedacht, wie sich Randgruppen, die auf Hilfen angewiesen sind, zwanghaft, nicht aus eigener Schuld, in Szene setzen, um in ihrer Erniedrigten-Lage ihre Würde nicht zu verlieren. Im Gegenteil – schafft eben sie nicht eine neue Noblesse?
Da ich – von diesem „Fechten“, einem tatsächlich in Schlesien weitverbreiteten Umgangswort, angeregt – darüber sinne,

wie sich das mit dem Menschenbild meiner Heimat reimt, erhalte ich die traurige Nachricht vom plötzlichen Tod meiner schlesischen Tante Friedel Przybyllok. Mit mehr als 80, nach einem festlichen Abend, schloß sie die Augen; eine überaus gepflegte, mit ihren tausend Krankheiten wie mit Kugeln spielende souveräne Frau, Studienrats-Witwe, Mittelpunkt eines Kreises in Eschwege und Bad Soden. Flüchtlingin, Vertriebene, Gebeutelte – Bettlerin in der Gebliebenenwelt; dennoch, eben deshalb von aufgeputzter Lust an der Ästhetik der Mode, des Gesellschaftlichen. Auf keinen Fall zeigend, daß man „vom Rand“ sei.

Der schlesische Fechter ist so einer. Seine Not, sich von anderen – Besser-Davongekommenen – seine Existenz erbetteln zu müssen, paart er mit seinem Vergnügen an Schönheit, Eleganz, Kunst.

Ich könnte jetzt lange davon erzählen. So viele Beispiele fallen mir ein, wenn ich an solche Schlesier wie die Tante Friedel Przybyllok denke; Grenz-Menschen, weil sie vor der letzten Grenze, vom Leben zum Tod, ihre Contenance nicht verlieren. Im Gegenteil. Immer ist man ja Bettler – als Mensch. Wenn man's äußerlich, durch die vertrackte Historie, die man, eben zum Beispiel als Schlesier, auf der Schulter hat, eingraviert bekommt – schlimm genug! Noch schlimmer, wenn's einem innerlich aufgelegt ist, durch schwere Krankheit, durch mangelnde Einordnung – natürlich könnte man in die tiefste aller Melancholien verfallen. Doch tut man's als Schlesier nicht.

Paul Keller, obwohl verzweifelt, weil er, Mitte Fünfzig, mit seinem rauschenden Erfolg in Konflikt kam, auf den Tod krank – aber wenn ich ihn, kurz bevor er auf dem Laurentiusfriedhof beigesetzt wurde, die Sternstraße entlanggehen sah, mit dem Spazierstock, den Silberknauf obenauf, in seinem Lordanzug, mit seinem schnittigen Hut – nein, da war er nicht der Dandy, den manche in ihm vermuteten. Da war er ein Bettler auf Erden – der aber einen königlichen Bettler daraus gemacht hatte. Einen königlichen Bettler hat auch August Scholtis aus sich gemacht. „Der Herr aus Bolatitz“, wie er sich – nach einem seiner Bücher – genannt hat. Herumgeschubst, genarrt, immer unterwegs, ohne Ruhe, zum Weinen müde: Dennoch, in der Präsentation seiner selbst ist er ein Kavalier vom Scheitel bis zur Sohle gewesen. Selbst das seidene Ziertüchlein, aus dem rechten Täschchen des Anzugs hervorguckend, hat bei ihm nicht gefehlt. Fechter – sie alle. Diese Bettler. Diese Könige. Diese Schlesier. Nachfahren der Schlesier des Dreißigjährigen Krieges. Der Ausgewanderten nach Amerika, nach Rußland. Der Vertriebenen in die ganze Welt. Wo sie sich fanden, waren sie Form!

Da kommt mir auch der schlesische Dichter Arnold Ulitz in den Sinn. Auch er, wie Paul Keller, ein Spaziergänger durch Breslau. Auch er, von seiner Erscheinung her, Edelmann, wiewohl, im Innern Bruder aller. „Aus Sehnsucht nach der Heimat war er krank geworden, und durch Musik der Heimat und durch Wiedersehen mit Menschen der Heimat war er genesen.“ Solche und ähnliche Sätze hat er geschrieben – Russen, Juden, Deutschen hat er sie in den Mund gelegt. Bettlern, die sich nach einer Geborgenheit sehnen. Wo ist sie? Sie vermuten sie in einem großen Wald. In einem großen Wald der Menschheit. Ist sie nicht aber im Innern? Diese Geborgenheit? Im Königtum des Bettlertums? Ich sehe, in Düsseldorf, nach dem Empfang des Andreas-Gryphius-Prei-

diesem monumentalen, zugleich eulenspiegeligen Arnold Ulitz vor mir! Achtzigjährig. Ein leuchtender Greis. Eine Rede soll er vor denen halten, die ihm zujubeln.

Er aber schweigt.

Nur, in liebenswertester Kavaliersart, anmutig wie der zarteste Page, verbeugt er sich.

Und sagt: „Danke“.

Dann fügt er – ein schlesischer Fechter, der natürlich auch einen schlesischen Schalk in seinem Kopf sitzen hat – hinzu: „Dies ist die kürzeste Prosa, die ich je machte.“

SCHLESISCHES DREIKÖNIGSLIED

Die drei Könige sind da.
Sonne, Mond und Afrika.
Einer wie ein Rad so rund,
in der Hand 'nen Schlüsselbund.

Und der andre blaß und hager,
wohl ein Sänger und ein Sager.
Und der dritte gar ein Mohr,
weißes Tuch, 'nen Ring im Ohr.

Und ich meine: diese Drei
sind geschlüpft aus einem Ei,
gleiches Dotter, gleiches Weiß,
dreimannhoch zu Gottes Preis.

Rund und blaß und schwarz die Haut,
keinem vor dem andern graut.
Und sie haben ganz vergessen,
wie sie sonst einander fressen.

Ach, es wär das Allerbeste,
wenn nicht nur zum Königsfeste,
sondern immer dieser Drei
Einigkeit auf Erden sei.

SCHLESIENS HUMOR

Seinem Freunde, dem oberschlesischen Reichsgrafen Gaschin zu Ehren, gab Prinz Eugen in seinem Stadtpalais ein großes Essen. Dazu waren nicht weniger als 150 Magnaten des österreichischen Adels eingeladen. Dem Gaschin überlassen war es auszusuchen, was bei Tische aufgetragen werden sollte.
Und was wählte er? Er hatte sich in der Küche einfach – wie es

Oberglogau

einem echten Schlesier geziemt – Schweinebraten mit Klößen und Sauerkraut bestellt. Sein Leibgericht. Da mokierten sich die vornehmen Gäste – insbesondere wegen der Unmengen „Kließla“, von denen sich Gaschin bereits ein riesiges Quantum in den Bauch gesteckt hatte. Sie wären genau so viel wert wie 150 Esel, behauptete er. Und wer es nicht glaubte, dem wäre er bereit, es mit einem einzigen Wort zu beweisen. Oder wäre vielleicht ein anderer in der Runde, der imstande wäre 150 Esel mit einem Worte zu schreiben?
Das konnte nun allerdings niemand unter den Geladenen. Auch Prinz Eugen nicht. Woraufhin es der Graf Gaschin zum schallenden Gelächter des Prinz Eugen auf die Tischplatte schrieb – das eine Wort mit drei Großbuchstaben am Anfang und drei Kleinbuchstaben hintendrein.
Wer lesen konnte, las es:
„CLEsel!“
Das ist Schlesiens Humor. Ein spitzfindiger hintergründiger. Alfons Hayduck, der Dichter aus Oberschlesien und Erfinder des Grafen Gaschin, hat diesen schlesischen Humor nicht erfunden – aber eigenwillig fortgesetzt.
Gerhart Hauptmann hat diesem schlesischen Humor eine – ihm entsprechende – spitzfindige, hintergründige Definition geschenkt:

„Humor ist Scharfsinn an sich. – Humor ist zugleich die tiefste Schätzung und die tiefste Geringschätzung."

DER GEMITTLICHE SCHLÄSINGER

Schon daß der „Schläsinger" von seiner „Schläsing" spricht – der Schlesier also, wenn er seine Heimat mundartlich ausspricht, sie weiblich nimmt –: läßt's auf weibliche, mütterliche, umarmende Weise schließen? Ich meine: ja. Und daß er so oft ein „a" setzt, wenn andere ein „en" setzen – zum Beispiel „renna", „flenna", statt „rennen", „flennen" –: deutet's auf „atar unsar"? Auf das gotische „Vater unser"? Auf „a" wie „Anfang", „Amen", „Adam"? Ergo: Ursprünglichkeit? Und ist nicht Ursprünglichkeit auch – weiblich?
Ich meine: ja.
Die „umilenje", jenes russische Wort, schwer übersetzbar, ein Ausdruck für Sanftmut, Milde, Lächeln: Solche, die etwas von Kunst verstehen, sagen von den „Schönen Madonnen", den schlesischen Marien, deren unzählige allerorten in den „Herrgottswinkeln" der Schlesier stehn, sie seien von dieser „umilenje" gezeichnet. Sie seien überhaupt den russischen Müttern des Heilands verwandt. Mütter in Moll seien sie. Wie die Mütter des europäischen Ostens allsamt.
Ich meine: Das stimmt.
Und weist das nicht auf diesen weiblichen, mütterlichen, matriarchalischen Grund? Dieses „Große Mutter"-Mysterium, wie es in Schlesien steckt? In seinem urwortlichen Kose-Namen „De Schläsing"? In seiner Identifikation mit der „umilenje", der Sanftmut, der Milde, dem Lächeln der „Schönen Madonnen", deren schönste – bei der strahlenden Schönheit aller ihrer tausendundeinen Variationen – doch die „Schöne Madonna von Breslau" ist?
Von Breslau, der Frau Wratislawia? Der Mitte Schlesiens, zugleich Schlesiens Erzfrau?
Die Freude an der Deminuation – schält man das Fremdwort

Kirchgang

aus, trifft man auf den Kern: liebevolle Verkleinerung. Typisch dafür: wie der Bruder Gerhart Hauptmanns, Carl Hauptmann, ein Schlesier, der, in seinem Rübezahlbart, seiner Weissager-Warze auf der Backe, gern als der „Herr Schlesien" angesehen wird, genannt ward – von seinen „Mitgebirglern", seinen „Um-Menschen" (Wörtern, gleichfalls nicht uncharakteristisch!). Er wurde natürlich nicht „Carl"

von ihnen gerufen. Das klingt hart, „carolisch-carolingisch". Nein. Er wurde „Zarl", ja „Zarle" von ihnen genannt. Das klingt – zärtlich.
Zarle – zärtlich. Und alle die Lenleins, Gretels, Muttels und Vatels? Die Hanneles? Die Schweinichens? Alle die, die durch die schlesischen Kulissen gehn, wenn sich Schlesiens Welttheater-Ensemble vorstellt? Haben sie nicht etwas Kleines, Koboldiges, Komödiantisches, etwas von eben einem Kleinen, keinem Großen Welttheater an sich? Leiermann – zählt der nicht dergleichen zu dieser Gesellschaft von Schlesiern, die sich als Klein-Welt begreifen? Als pygmäische Schutzsuch-Gemeinschaft, nicht als heroische Schutzgeb-Olympia-Sozietät?

Stiller Vormittag

Heimlich-Huschhaft-Verheimlichend. Wie kann es auch anders bei einer Landschaft sein, die sich stets wieder verstekken muß? Deren köstliche Güter – vom „Sträselkucha" bis zur „Gemittlichkeit" – immer von neuem Ziel von Raub und Habgier sind? Die man, seitens der Großen, nicht müde wird: auszubeuten, auszubeuteln, auszubrandschatzen?
Da heißt es – von den Tataren bis zu den Hussiten, und wer immer von den Dämonen-Mächten über Schlesien gekommen sein mag: sich in sich verkriechen, sich in sich verknien, sich in sich verkringeln. Sich überhaupt ins Innere einziehen. Sich verschnecken in die Gehäuse-Haftigkeit seines bedächtigen Marsches von einem zum anderen Zeitalter. Wie anders ist das aber zu benoten als mit jenem geflügelten Wort: „gemittlich"?
Der Dichter Max Heinzel hat den „gemittlichen Schläsinger" zu einem journalistischen Begriff gemacht. Seitdem – seit diesem Striegauer vom Jahrgang 1833 – gibt es diesen Menschen, in dem sich Gemüt und Mitte vereinen, in der Folkloristik.
Der „gemittliche" Mensch – das ist der Mensch, der spielen kann. Karl von Holtei hat das wörtlich genommen. Er ist, wiewohl Theaterkünstler mit dem Dirigentenstab, gewohnt, im großen Bühnenhaus zu stehen, um Theater zu machen, über Land gefahren – hat sich unters Volk gemischt. Hat mit dem Volk gespielt. Der „gemittliche" Mensch – das ist der Spielmann-Mensch. Der, der auf eines Spielmanns Art antwortet. Der Mensch, wie ihn Karl von Holtei als „seinen" Menschen vor sich gesehen hat, der ihm als „seines" Theatermachens Pendant, als sein „Schauspieler" vorm Auge gestanden hat.

„Gemittlich", „Spielmann" – das ist eine Einheit. So sind viele Spielleute wie Karl von Holtei in Schlesien von Ort zu Ort gewandert. Spielleute – anders als die Hof-Akteure der Troubadourzeit, anders als die Ludimagister Calderons: tüchtige, theaterbesessene Prinzipale, wie eben der Holtei, aber später auch der Alfons Teuber oder der Jörg Breuer, solche, die, wie gesagt, in der Lage waren, Direktoren von großen Bühnenhäusern zu sein. Aber nicht begnügten sie sich mit dieser abgehobenen standeseigenen Aufgabe. Vielmehr strebten sie zu einem Populismus, würde man heute sagen. Zu einer Integration des Spielerischen in die Menschen überall. Auf daß es eben diesen Menschen gebe. Den Menschen, der spielen kann. Denn das ist der „gemittliche" Mensch.
Den „gemittlichen" Menschen – abgeleitet, klar, von „Gemüt", wie kann es anders sein? Aber, wie kann es anders sein, dieses „über"-geordnete „ü" weicht beim Schlesier einem „bei"-geordneten „i". So wird aus einem „gemütlichen" Schlesier ein „gemittlicher" Schlesier. Und es wird damit aber auch aus einem „gemittlichen" Schlesier ein Schlesier, der zu mitteln geneigt ist, der selbst gemittelt ist, das heißt: aus zwei Hälften zusammenge„tiftelt" zu etwas, was sowohl die eine wie die andere Hälfte ist – und zugleich auch noch mehr. Eben eine „Gemitteltheit", eine „Mitte". Der Schlesier, der „gemittlich" ist, ist also zugleich der Schlesier, der „Mitte" schafft. Volksetymologisch? Gewiß. Aber deshalb – falsch?

„Schläscha Kucha, Sträselkucha,
das is Kucha sapperlot",

so heißt es in einem Gedichtbeginn. Und was dieses küchenmeisterliche Gebilde, dieses kulinarische Original namens „Schläscha Sträselkucha" wirklich ist, wird damit aufs Allgemeingültigste definiert – nämlich „sapperlot". Nein. Dagegen hilft keine Logik. Da muß man sich aus der sinnlichen „Fruchtigkeit" nähren. Und da kommt dann so etwas wie

Streeselkucha

dieses „Sapperlot" heraus. So etwas wie „nu – ja ja – nu – nee nee". So etwas Chthonisches, schwer über den Verstand zu verstehen.
Wo sich heute Schlesier finden, sei's in Tel Aviv, wo sie, als Schlesische Ahasvere, sei's in Chicago, wo sie als „Schlesische Rübezahle", sei es irgendwo in Utopien, wo sie als „Schlesische Jakobböhmianer" leben – überall gibt's „Schläscha Kucha Sträselkucha" als Medium. Manchmal gibt's zu den Streuseln auch Mohn. Besser „Moh", denn das klingt offener. Und offen, staunensbereit – das ist ja auch etwas Leibeigen-Schlesisches. Oder?
Als in Sibirien Schlesier keine Sträsel für den Schläscha Sträselkucha hatten, weil sie überhaupt nur von ein bißchen gestibitzten Frostkartoffeln lebten, nahmen sie eben ein paar angebrannte Frostkartoffelschalen und machten Sträsel daraus. Damit war die Situation des „sapperlot" hergestellt. Damit war Schlesien mit seinem Medium auch in weitester Schlesienferne da.

VERZEICHNIS DER ORTSNAMEN

BILDNACHWEIS

Jakob: 26–64, 66–82, 85, 86, 95; OEP: 25, 65; Zick: 83, 84, 87–94, 96.

25 BRESLAU, RATHAUS; von 1471 bis 1504 erbaut. „Von der ernsten Sachlichkeit, die Breslau im allgemeinen charakterisiert, macht es in der Mitte des Rings eine Ausnahme. Es ist so überreich an Einfällen, daß man die trotzdem zustande gekommene Einheitlichkeit, an der der Turm großen Anteil hat, bewundert." Ricarda Huch, in solchem Lob auf diesen gotischen Bau, rühmt zugleich die in ihm symbolisierte Ganzheit in der Vielfältigkeit – Schlesiens Eigenart, die in diesem Zentrum seiner Hauptstadt ihr immer wieder faszinierendes Bild besitzt.

26 BRESLAU, DOMINSEL. Der klassische Blick auf Breslaus Juwel, die Dominsel, von der Holteihöhe aus: Die Türme des Täufer-Johannes-Domes, wuchtig in ihrer nun „hutlosen“ Barhäuptigkeit, verbinden sich mit der um so spitzeren Neugier der Kreuzkirchengotik zu einem Kontrast, der durch die breite Suite der Prälatenhäuser und die lange Wand des Steinufers gemildert wird. Hier seien einst die Kaiser vom Pferde gestiegen, um zu Fuß in die Kathedrale zu treten. Ebenso seien unzählige Verfolgte auf dieser Dominsel vor ihren Verfolgern gerettet worden.

27 BRESLAU, DOM MIT KAPELLEN. Schon in der Mitte des 10. Jahrhunderts soll der Dom, als sogenannter Hieronymusdom, in Holz erbaut worden sein. Später, nach der Zerstörung Breslaus durch den Hunnensturm, 1241, hat er seine gotische Stein-Gestalt erhalten. In der Barockzeit im 17./18. Jahrhundert haben der italienische Maler Carlo Carlone und Fischer von Erlach für Fürstbischof Franz Ludwig von Pfalz-Neuburg die Kurfürsten-Kapelle geschaffen. Heute steht dieser Dom, rustikal wie eh, als organische Gotik-Barock-Mischung in den Himmel.

28 BRESLAU, UNIVERSITÄT. Unter der Leitung seines Schöpfers, des Breslauer Stadtbaumeisters Hackner, wuchs von 1728 an das imponierende Bauwerk auf, das sich an der Oder entlangzieht: die Universität. Das Gelände dafür hatten sich die Jesuiten 1659 gesichert. Durch ein Privileg des Kaisers Leopold I. war an Stelle der verfallenen Kaiserburg die „Alma mater Leopoldina", die erste katholische Universität Schlesiens, 1702 gegründet worden. 1811 wurde sie mit der protestantischen Universität Frankfurt/Oder zur Friedrich-Wilhelms-Universität vereinigt.

29 BRESLAU, UNIVERSITÄT, AULA LEOPOLDINA. Der Besucher staunt über die Stuckdekorationen, die die Plafonds mit den Darstellungen der schlesischen Herzogtümer umrahmen. Prunkvollster Großraum ist die Aula Leopoldina, Ort der akademischen Feiern, der Promotionen, Habilitationen, Ehrendoktorate. Ein Zierportalstock führt in diesen „Hochbarockhimmel". Allegorische und illusionistische Fresken wechseln mit Skulpturen, aber auch Gemälden von Herrschern. Hier erhielt Johannes Brahms den Doktor der Philosophie honoris causa.

30 BRESLAU, RATHAUS. Überwältigend in ihrer Einfachheit und Ordnung, wirken die Räume des Rathauses dennoch festlich: die Schlußsteine der mit Rippen gewölbten Netzgewölbe sind mit plastischen Sinnbildern verziert. Die Symbole der Evangelisten, Teile des Stadtwappens, Embleme mit Rosetten, Pelikanen, Hunden und Drachen wechseln mit Sprüchen und abstrakten Ornamenten. Die Rippen sitzen differenziert gebildeten Kragsteinen auf. Über den Giebeln der Türen gibt es Fialen und Kreuze. Kostbare Intarsienschränke ergänzen das Ensemble aus Glas, Stein und Holz.

31 GÖRLITZ, KULTURPALAST. Wer den Namen Görlitz hört, denkt an den „Görlitzer Schuster“ Jakob Böhme, 1575 – 1624. Dieser Mystiker, Schlesiens tiefster Geist, ist zwar nicht auf der heute noch zu Schlesien gehörenden Ostseite, sondern auf der Westseite gestorben (jetzt DDR). Die „Oberlausitzer Gedenkhalle“, ein von Hugo Behr 1902 im Sezessionsstil errichteter Bau, enthielt früher ein Heimatmuseum – heute dient sie als Kulturpalast. Hinzudenken muß man sich zur Jakob-Böhme-Stadt Görlitz die Landskrone, den Görlitz keck überragenden Berg.

32 LAUBAN. Eine richtige Stadt des Dreißigjährigen Krieges ist Lauban gewesen. Sie hat Wallenstein, aber auch Gustav Adolf in ihren Mauern gesehen. Flüchtenden Evangelischen hat sie eine Zuflucht geboten. Schutz- und Trutzstadt, die sie war, blieb sie auch künftig, freilich in einem ganz anderen Sinn. Sprichwörtlich nämlich sind die Laubaner Taschentücher geworden, Schutz-Mittel gegen Husten und Schnupfen und Heiserkeit. Geradezu Paradenamen der Taschentuchherstellung sind die Laubaner Namen Weinert, Lassmann, Merfeld gewesen.

33 SCHWARZBACH. „Caspar Schaffgotsch gen. von Kynast und Fischbach auf Schwarzbach" hat in diesem Grün-in-Grün-Gebiet 1559 ein Renaissanceschloß errichtet. Touristisch ist dieser Ort mit seinem Schwarzbach, aber auch mit einem künstlichen Wassergraben stets ein reizvolles Ziel gewesen. Er liegt 3 km südöstlich von Hirschberg, was heißt: daß man ihn von Hirschberg aus in 40 Minuten erreichen kann. „Schlesien hold in Wiesen" – auf Schwarzbach trifft dieses Friedrich-Bischoff-Wort zu.

34 BUNZLAU. Vor allem wegen seiner Töpferkunst ist Bunzlau weltbekannt. Im Jahre 1753 wurde von Meister J.G. Joppe aus Muskau der 2,25 m hohe „Große Topf“ geschaffen. Seit der Mitte des 16. Jahrhunderts bestand eine Töpferzunft in der am Rande des Bober-Katzbach-Gebirges gelegenen Stadt. Seit etwa 1680 mehrte sich die Bedeutung Bunzlaus, denn das Bunzlauer Braungeschirr war von jetzt ab weitum beliebt; hinzu kam die Fertigung des handgeschwämmelten Steinzeugs, des Buntgeschirrs. Die Bunzlauer Keramik-Hochschule blühte.

5 LÖWENBERG. Gustav Freytag und Walter Flex haben den legendären „Löwenberger Weiberkrieg“ literarisch verarbeitet. Übergriffe der berüchtigten Liechtensteiner Dragoner, der Vor-Reiter der Gegenreformation, auf die Damenwelt, die der Reformation treu bleibt. Diese Stadt gilt nicht nur durch dieses Ereignis als Stadt der Kunst – sie gilt dies vor allem dadurch, daß der letzte regierende Fürst von Hohenzollern-Hechingen in ihr sein Domizil aufschlug und zu seiner Hofkapelle Richard Wagner und Hector Berlioz heranzog.

36 LÄHN. Eine Stadt, durch Tuchmacherei und Garnspinnerei charakterisiert, unterhalb der Lähnhausburg in einer Boberschleife gelegen, die sich später dadurch einen Namen gemacht hat, daß eine Uhrenfabrik in ihr gegründet worden ist, die eine Fachschule für Uhrmacher nach sich gezogen hat – ein Uhrmacher-Dorado Schlesiens also. Was sonst noch von dieser Idylle zu sagen wäre? Einen Taubenmarkt hat es in ihr gegeben. Den haben Ornithologen, aber auch Ferien-vom-Ich-Macher, die ins stille Lähn gekommen sind, gern besucht.

37 HIRSCHBERG, RING. Die Siebenhäuser, links, Hirschbergs Monogramm, sind hier zu sehen, über den Lauben sitzende Bürgerquartiere. Die Weberei hatte der Stadt wirtschaftlichen Aufschwung gebracht: Tuchweberei, Leinenweberei, vor allem die Schleierweberei, die der Schuhmacher Joachim Girnth 1570 hier eingeführt hatte. Sie trug so sehr zur Mobilisierung des Handels bei, daß Hirschberg zum Zentrum des schlesischen Schleier-Weberei-Handels wurde. Die Siebenhäuser wurden dessen sichtbare Residenz.

38 HIRSCHBERG, RATHAUS. Die Stadt, die im Eingang zum Riesengebirge steht, hat ihr Wahrzeichen in einem rechteckigen Marktplatz, der durch Laubengänge charakterisiert ist. Wer alles darin gewandelt ist? Die schlesischen Serapionsbrüder Contessa ebenso wie Gerhart Hauptmann und Hermann Stehr. Denn Hirschberg ist auch Literaturstadt gewesen. Das Rathaus, in der Mitte des Marktplatzes, fällt durch einen hohen Mittelturm auf. Kontrast zum renaissancistischen Bau, zur Basis. In Jelenia Góra, analog zu Hirsch-Berg, ist der Name heute abgewandelt.

39 BAD FLINSBERG. Man muß sich Bad Flinsberg mit überfüllter Kurterrasse vorstellen und von da über die hundertjährigen, kunstvoll durchforsteten Fichten in die jungfräuliche Hochmoorlandschaft sehen! Diese Stadt verdankt ihren Nimbus dem klaren Wasser der Iser, das zwischen moorigen Gräsern leuchtet, umstanden von den niedrigen Büschen der Zwergbirke, eines Zeugnisses aus der Eiszeit. Seit 1768 Badeort. Am Nordhang des Isergebirges, am Queis, wird sie – als Heilstätte: wegen ihrer Quelle – 1572 vom Arzt Leonhard Thurneyer erstmals erwähnt.

40 RIESENGEBIRGE, MARTINSBAUDE. „Hier roch es warm und köstlich, wie wir Kinder es nannten : nach Baude". So drückt es die schlesische Schriftstellerin Traud Gravenhorst aus. Dieses unverkennbare „Gerüch" kommt aus der Gaststube – „Spinnstube" – mit den vielen Tischen und Stühlen und einer rings um die Wände verlaufenden Bank. Es hat etwas von Himbeersaft und kleinem rundem Koppen-Käse an sich, gemischt mit Kaffee und Kuh. Kleine Teich-, Hampel-, Schneegruben-, aber auch die hier abgebildete Martinsbaude sind die geläufigsten unter Schlesiens Bauden.

41 RIESENGEBIRGE, SCHNEEGRUBEN. Eine „wunderbar ruhige Silhouette“ wird das Riesengebirge von Edmund Glaeser genannt, die „Größe ohne Ausschreitung“ besitzt. Alpine und subalpine Pflanzen finden sich in ihm – wie hier in der Welt der Schneegruben. Vor allem die Anemona Alpina, deren Fruchtstand „Teufelsbart“ heißt. Oder das Habmichlieb, „Primula minima“. Oder der Türkenbund, „Lilium martagum“. Nicht zu vergessen der Riesengebirgsenzian, „Gentiana asclepiada“. Bloßgelegte Granitkörper, Runzeln und Furchen geben dem Riesengebirge hochgebirglichen Charme.

42 RIESENGEBIRGE, FELSENGRUPPE. Heinrich von Kleist hat in Dithyramben das Riesengebirge gerühmt. „Über die Häupter der Riesen hoch in der Lüfte Meer / Trägt mich, Vater der Riesen, dein dreigezackigter Fels." Viele Felsen des Riesengebirges haben tatsächlich dies „Dreigezackigte" an sich. Überhaupt hat das Riesengebirge mit seinem Rübezahl etwas Mythisches an sich. Denn – so sagt's der Dichter Carl Hauptmann – „zum Riesengebirge erstarrte" dieser Berggeist – und so ist das Riesengebirge Rübezahls Geist.

43 RIESENGEBIRGE, SCHNEEKOPPE. Immer noch muß, wer zu einer Schneekoppenwanderung aufbricht, Bergkleidung anlegen. Aber er braucht nicht mehr, wie weiland 1809 der Dichter Theodor Körner, eine Bergmannstracht dazu, in der er von Freiberg aus die Schneekoppe bestieg. Er dichtete auf sie folgende Ode: „Hoch auf dem Gipfel / Deiner Gebirge / Steh ich und staun ich / Glühend begeistert, / Heilige Koppe, / Himmelanstürmerin". „Der Anblick", notiert er im Tagebuch, „war der des Kampfes der Sonne mit dem Nebel, der wie ein Ozean über Schlesien lag."

44 SCHREIBERHAU. Einen solchen blauen Weg wie hier mögen viele gegangen sein, die nach dem Motto von Gerhart Hauptmann gehandelt haben: „Geh nach Schreiberhau, dort wird man gesund!" „Wo der Schreiber frei Holz haut" – so eigenwillig deutet der Naturphilosoph Wilhelm Bölsche den Namen. Er meint damit die zahlreichen Dichter und Denker von Carl Hauptmann über Bruno Wille bis zu ihm, die in Schreiberhau eine Gelehrten- und Künstler-Republik besessen haben. Und die dabei in ihrer Schreibe „frei Holz" gehaun haben - frei, trotzig, frech.

45 BRÜCKENBERG, KIRCHE WANG. Eine Stabwerkkirche hat Brückenberg, den pittoresken Riesengebirgsort, zu einem Wallfahrtsort sehr erotischen Charakters gemacht. Die sprichwörtliche Kirche Wang: ein Gotteshaus aus dem Vanger Fjord. 1840 war sie in Norwegen von dem Landschaftsmaler J.C.C. Dahl ersteigert und nachher an König Friedrich Wilhelm IV. verkauft worden. Sie war Ziel attraktiver und exotischer, aber auch „normaler" Hochzeiter. Die ließen sich mit Rübezahls und des Nordlichts Segen von einem Pfarr-Herrn „folkloristisch" trauen.

46 GRÜSSAU, KIRCHE.
Markiert ist Grüssau durch das Kloster, von Herzog Heinrich II. geplant, von seiner Witwe Anna verwirklicht. 1292 übernehmen es Zisterzienser. Seine große Zeit hat dieses Kloster unter Abt Bernhard Rosa, 1660 – 1696, der die barocke Gestaltung einleitet. Höhepunkt dieses „Grüssauer goldenen Zeitalters“ (Lutterotti) ist das von 1728 – 1735 erbaute Marienmünster. Seine Fassade in ihrer musikalischen Linienführung geht auf Ideen des Stiftsbaumeisters Jentsch aus Hirschberg zurück, der wieder von Dientzenhofer beeinflußt ist.

7 GRÜSSAU, INNEN.
Malerei und Literatur hatten
ier ihre Heimstätte. Angelus
lesius, der Breslauer
Iystiker, erfuhr reiche
örderung durch Grüssau.
Iichael Willmann,
reskenmaler, der
chlesische Rembrandt“, hat
ir Grüssau gearbeitet. In den
reißiger Jahren unseres
ahrhunderts erlebte Grüssau
urch seinen gelehrten Abt
lban Schmitt eine neue
lüte. In den Romanen von
ischoff und Ulitz, in der
chlesien-Erzählkunst spielt
rüssau als rauschende
iönchs-Oper, als
hlesisches Tannhäuser-
senach, mit.

48 LÜBEN. Turbulent ist es in Lüben zugegangen, als der evangelische Gottesmann Caspar von Schwenckfeld, 1489 – 1561, hier eine Republik eigener Christenart behauptet hat. Dieser Reformator, Mystiker und Jurist verbreitete eine Lehre, die zwischen äußerer und innerer Kirche unterschied. Allein auf die innere – mit Christus in jedem Menschen – komme es an. So kam es zum Bruch mit Luther, zur Flucht Schwenckfelds aus Lüben. Mit Schwenckfeld hat sich Lüben im sozialen Christentum einen festen Namen geschaffen.

9 HAYNAU. Eine
ornehmlich von Webern
estimmte Stadt – deren Zunft
st von 1332 an nachweisbar.
Jnserer Lieben Frau ist die
lte Pfarrkirche mit dem
mposanten rustikalen
vehrhaften Turm geweiht.
Vehrhaftigkeit, in Resten der
Ringmauer, die auch in die
Architekturen einwirken,
estimmt den Hauptteil der
tadt. Demokratisch ist
Haynau schon früh gewesen;
on vier Räten sind schon 1353
rei von den Zünften gestellt.
Das geht auch auf die
Dominanz der Weber in dieser
erkehrsgünstig zwischen
Bunzlau und Liegnitz
iegenden Stadt zurück.

50 GOLDBERG. Goldberg liegt auf einem 250 m hohen Plateau am südlichen Zweig der Hohen Straße, Schlesiens Handelsader, zwischen Liegnitz und Lauban. Dort haben Leute in einem alten Flußbett der Katzbach Gold gewaschen. Man meint die Stadt Goldberg, die ebensoviel Märchen wie Wirklichkeit über die Faszination der Goldwäscherei in sich birgt. Der Schmiedturm, das Wahrzeichen der Stadt, stammt von der Befestigungsanlage, mit der sich die Stadt geschützt hat. Unwirklich wie die Goldvergangenheit der Stadt nimmt er sich aus.

51 LIEGNITZ, RATHAUS.
„Liegnitz, Stadt du, von Blut gedüngt / Oh, die Tataren, Hussiten, die Schweden, Franzosen, / Buonaparte, der Korse, oftmals vergeblich verflucht, / Blüchers regenbegünstigte Schlacht, / Als er Reiter und Fußvolk hetzte / Hin zum mörderischen Fluß, der sie alle verschlang…“ Der Liegnitzer Dichter Horst Lange richtet diese Verse an seine Heimatstadt. In der Barockzeit blühte das schlesische Geistesleben mit Martin Opitz, Hans von Schweinichen, Friedrich von Logau. Von hier aus nahm Paul Löbe (1875–1967), einer der markantesten schlesischen Politiker, seinen Weg.

52 LIEGNITZ, NORDTOR. Das Portal des Nordtores der Liegnitzer Festung aus dem 17. Jahrhundert stammt von Georg von Amberg. Liegnitz, als Stadt einer Ritterakademie, ist immer eine strategische Stadt gewesen. Sowohl gegen die Türken wie gegen die Hussiten befestigt. Im Siebenjährigen Krieg ist es vom „Alten Fritzen“ – nach der Schlacht bei Leuthen – 1757 eingenommen worden. Zugleich haben die Preußen Liegnitz stets wieder zum Zentrum ihrer Armierung gemacht, so daß der Stadt der Militärgeist aus den Knopflöchern guckt.

53 BOLKENHAIN. Die Bolkoburg ist das Vorzeig-Stück von Bolkenhain und geht auf Herzog Bolko I. zurück, aus dessen Haus Prinzessin Anna stammt, Gemahlin Karls IV., König und Kaiser aus Luxemburg, Frührenaissance-Herrscher von Prag. Umgebaut um 1540 vom italienischen Baumeister Jakob Pahr. Dabei erhielt der älteste Teil mit seinem Burgfried im Südwesten seine wuchtige Gestalt. Der Heimatdichter Fedor Sommer, 1864 – 1930, hier als Schulrat tätig, hat Bolkenhain und die Bolkoburg durch sein Schauspiel „Bolko“ berühmt gemacht.

54 STRIEGAU. Windmühlen gibt's in Striegau, Bier und die berühmte „Striegsche Leinwand", die bis ans Schwarze Meer und nach Venedig verkauft worden ist. Die terra sigillata, die weit verbreitete Striegauische Heilerde, hat im Kampf gegen Lähmung und Gliederschmerz überall ärztliche Phantasie geweckt. Berühmt gemacht hat die Stadt ihr ungezogenster Sohn, Johann Christian Günther, 1695 – 1723. „Die Gefangenschaft vergeht, / Stahl und Fessel müssen brechen; / Unseres Lebens Alphabet / Ist ja wohl noch auszusprechen; / Macht doch auch die ganze Zeit / Keinen Punkt der Ewigkeit."

55 SCHWEIDNITZ. Die Friedenskirche ist ein Fachwerkbau mit kostbarer barocker Innenausstattung: eine der drei evangelischen Kirchen, die der Westfälische Friede den Fürstentümern Schweidnitz, Jauer und Glogau gestattete. Religions-, aber auch Landesfrieden symbolisiert dieser Gemeinde- und Repräsentationsbau. Mischung aus Schlicht und Hoheitsvoll. Schweidnitz – nota bene! – lehnt an der Schulter Breslaus: kulinarisch. Denn aus dieser Biermetropole kommt das illustre Bier für den illustrierten – nach diesem Bier benannten – Schweidnitzer Keller.

56 BAD SALZBRUNN. In diesem Badeort, in dem sich Kaiser und Könige ein Stelldichein gaben, preußische ebenso wie russische Monarchen, wurden im Sanatorium – damals Gasthaus „Preußische Krone" – die Brüder Carl und Gerhart Hauptmann geboren. „Salzbrunn – für Leprosen gut!" Deshalb ist in Bad Salzbrunn 1813 ein Leprosen-Hospital entstanden. Wilhelmshöhe, Kurpromenade, Eisenhalle, Rosengarten – Namen, die, verbunden mit dem Stil der Chinoiserie, an Bad Salzbrunns Glanz erinnern.

57 FÜRSTENSTEIN. Schloß Fürstenstein hat einen Vorläufer gehabt: die „Neuburg“ im Polsnitztal, von Herzog Bolko I. von Schweidnitz gegründet. Der Kern der Schloßburg ist ein Bergfried, in seiner neubarocken Haube aus dem 19. Jahrhundert. Schloßflügel und Treppenhaus im temperierten Barockstil sind von F. A. Hammerschmied gebaut worden, die Steinmetzarbeiten stammen von Johann Schwibs, Balkon und Terrasse von Georg Heinrich Friedrich Hitzig. In der Alten Burg, einer künstlichen Ruine, gab es Turnierspiele – eine folklorisch-schlesische Tradition.

58 WALDENBURG. Inbegriff für schlesischen Fleiß, schlesische Industrie, schlesische Apokalypse, heute wie eh imponierende Kulisse mit Abraumbergen, Fördertürmen, Wagonetten, mit einer in die Tiefe gesunkenen Stadt, die aus der Versenkung scheu hervorguckt; so rauchgeascht, so aschenputtlich, so aschgrau nimmt sie sich aus. Das neugotische Rathaus, eine ruhige, getürmte Front, hat etwas Zeitloses, so zeitfällig die Umwelt in ihrer technischen Vergänglichkeit wirkt. Der Kritiker Goethes, Wolfgang Menzel, wurde hier geboren (1798 – 1873).

59 REICHENBACH. Tuchhalle, Handwerksbänke, das Hummelschloß sind Signa dieser Stadt im Eulengebirge. Auch das an der Stadtmauer gelegene – seit 1349 belegte – Kloster der Augustiner-Eremiten zählt zu den Kostbarkeiten einer Metropole von Zünften, die sich auf Baumwolle-Leinen-Mischgewebe spezialisierten und dabei die Züchner-Zunft entwickelten. Barchent stellte man ab 1532 her. Ein Original, der Bienenzüchter Pfarrer Dr. Johannes Dzierzon, hat dem heutigen Reichenbach (*Dzierżoniów*) seinen Namen gegeben.

60 LANGENBIELAU. Anfang Juni 1844 begann in Langenbielau, einem Hauptort der Weberei, der „Weberaufstand von Peterswaldau und Langenbielau“, den Gerhart Hauptmann in seinem Welterfolgsdrama „Die Weber“ dargestellt hat. Der Aufstand griff auf die ganze Umwelt über. Fabriken wurden verwüstet, Militär rückte an, es gab 11 Tote. Das größte Dorf Preußens war dieses im Vorland des Eulengebirges gelegene Dorf, dessen „Freiweberei“ sich seit dem 30jährigen Krieg zu einer Textilindustrie größten Ausmaßes ausgewachsen hat.

61 NIMPTSCH. Die slawischen Bewohner nannten die Einwanderer „Němci“ gleich „Stumme“. Die Stadt Nimptsch hat davon ihren Namen. Ursprünglich: „Nemzi“, „weil es, dem Vernehmen nach, einst von den Unsrigen gegründet worden ist“, wie es Thietmar von Merseburg 1017 bezeugt. Eine provisorische Palisaden-Stadtmauer hat sich hier zum Stadt-Zeichen gemausert. Daniel Caspar von Lohenstein ist hier 1635 geboren, der leidenschaftlichste Friedensverfechter der Barockliteratur. Auch Nikolaus Lenau (von „Nimbsch“) leitet sich von dieser Stadt ab.

62 FRANKENSTEIN. Es liegt an der sogenannten Königsstraße, die von Böhmen über Glatz, Wartha, Frankenstein und Nimptsch nach Breslau führt. Und es hat einen schiefen Turm wie Pisa, den „hohen Glockenturm“. Die Stadt, in vielfache Kämpfe, insbesondere zwischen Böhmen und Ungarn verwickelt, weshalb das Schloß sogar nach einem ungarisch-ofener Modell gebaut wurde, hat viele Gelehrte und Publizisten hervorgebracht, u. a. den Abgeordneten der Frankfurter Nationalversammlung und Begründer der Breslauer „Oderzeitung“, einem Freiheits-Organ, Dr. Josef Kutzen.

3 SILBERBERG/
ULENGEBIRGE. Im Jahre
370 gruben hier Meissensche
nd Reichensteiner Bergleute
ach Silber. Nach dem
0jährigen Krieg wurde der
ergbau von den Brüdern
ohann Leopold und
Gottfried Bernhard von
charffenberg systematisch
ortgesetzt, allerdings nicht
nit sensationellem Erfolg,
veshalb Weberei und
'uchhandel hinzukamen.
riedrich der Große fand
Gefallen an diesem strategisch
ünstigen Ort. Deshalb ließ er
ier eine Festung bauen, die
reilich – wie Glatz: nicht zu
hrem Ruhme – den Dichter
ritz Reuter barg.

64 WARTHA. Ein Wallfahrtsort und ein Sommerfrischeort ist Wartha. Die Neißebrücke, die alte steinerne, ist sein Wahrzeichen. Bezeugt ist die Vorgeschichte dieses Pilgerheiligtums, ein Anziehungspunkt ersten Ranges, durch ein Marienpatrozinium für die Warthaer Kapelle von 1299. Verehrt wird noch heute ein Gnadenbild, eine 42 cm hohe Sitzmadonna aus Lindenholz. Überragt wird die kleine Stadt von einer großen Wallfahrtskirche. Ihr wertvollster Schmuck sind ein Gemälde Michael Willmanns „Mariae Heimsuchung“ und eine Orgel mit Rokokoprospekten.

65 GLATZ. Kirchlich gehörte Glatz stets zum Erzbistum der Moldau-Stadt. Die Grafschaft Glatz wurde als eigenes Vikariat verwaltet. Der Vikar hatte den Titel „Großdechant“. Obwohl Untertan des Archiepiscopus von Prag, war er doch auch Ehrendomherr von Breslau. Aus Glatz stammte Ernst von Pardubitz, 1297 – 1364, Sohn des Glatzer Burghauptmanns; Pardubitz, mit Karl IV., Petrarca und Johannes von Neumarkt befreundet, verband, als Erzbischof von Prag, den Humanismus mit der Frührenaissance-Literatur. Er war einer der brillantesten Epistilisten.

66 GLATZ, GESAMTANSICHT. Der älteste schlesische Ort liegt zu beiden Seiten der Glatzer Neiße in der Mitte der Grafschaft Glatz. Schon um 1000 berichtet Cosmas von Prag: der böhmische Fürst Slavnik, Vater des Heiligen Adalberts, des Missionsbischofs, habe eine gegen Polen gerichtete Grenzfestung „Cladsko" errichtet. Der Rathausturm als Mittelpunkt eines gitterförmigen Straßennetzes stammt aus der Spätrenaissance. Als Burgfried gibt er der Stadt einen Burg-Charakter. Zugleich bietet er eine der schönsten Aussichten auf das liebliche Glatzer Bergland.

67 GLATZ. Die Idylle des Grüns, die Glatz auszeichnet, ist das Gegenstück zum Festungs-Kern. Friedrich der Große, den Wert Glatzens für die Verteidigung wohleinschätzend, baute die Stadt zu einem mächtigen Bollwerk aus. Im Donjon der Festung Glatz haben – nicht zum Ruhme von Glatz, aber zum Glanz ihrer selbst – Freiheits-Apostel wie der Dichter Fritz Reuter, der Verfasser von „Ut mine Festungstid", und der Abenteurer-Baron Trenck gesessen. Schließlich ist aus Glatz auch eine fromme Wallfahrtsstätte geworden.

68 WÜNSCHELBURG. Eine Stadt, die 1680 vom schwarzen Tod heimgesucht ward. Die Mariensäule am Ring erzählt davon. Die schlesische Dichterin Anny Mayer-Knoop schrieb ein Hörspiel „Der schwarze Tod von Wünschelburg 1680“ für den Breslauer Sender. Durch die Initiative des Berliner Steinmetzmeisters Carl Schilling wurden bei Wünschelburg Steinbrüche angelegt. Auch Goethe gehörte – neben zahlreichen Naturfreunden – zu den Besuchern der Felsenstadt der Heuscheuer.

69 HEUSCHEUER. Bizarres Massiv zeichnet die Heuscheuer aus, ein Gebirge, das aus Basalt, aber auch aus Föhren besteht. Die Heuscheuerwasserfälle waren ebenso berühmt wie die Heuscheuerfelsen, beides Anziehungspunkte. Der berühmte „Wünschelburger Korn" wurde getrunken, wenn es nach pittoresker Tour durch das schluchtenreiche Heuscheuer-Labyrinth den Berglustigen an den Tisch zog – „Heuscheuereier" wurden denn auch Schnoken genannt, die im Banne solcher verwunschener Naturherrlichkeit entstanden und in der Runde erzählt wurden.

70 ALBENDORF. Der ganze schlesische Wallfahrtshimmel ist gegenwärtig, wenn man an Albendorf, Kreis Glatz/Neurode, denkt. Ein „Jerusalem in deutschen Landen", so hat man es genannt. Der Breslauer Dr. Georg Pietsch (Cosmus Flam) hat einen Roman geschrieben, in dem der Ritter Daniel Paschasius von Osterberg, Gründer dieser Pilgerstätte, auftritt. Er, der in einem Leben-Christi-Buch einen Plan von Jerusalem fand und seinen Landsleuten ein Schlesisch-Jerusalem schenken wollte; das in seiner orientalisch-okzidentalen Schönheit nun zum Himmel steht.

'1 GRENZECK. Symbolisch
ür Schlesien und den
chlesischen Menschen steht
in Ort dieses Namens. Für
len Titan und Taugenichts,
ler dieser schlesische Mensch
st, bleibt jede Grenze eine
Ecke, die ihn ärgert, die er
ber auch zu durchbrechen
ucht. „Weiter hinaus" und
höher hinaus" sind seine
Merkmale; weil er das
Grenzenlose in sich trägt,
ieht er die Welt als
Grenzeck" an. Die Welt
owohl im näheren wie im
ernsten Sinne. Die Welt „als
Wille und Vorstellung" nach
les schlesischen
Melancholikers
Lieblingsphilosophen Arthur
Schopenhauer aus Danzig.

72 BAD KUDOWA. Ein Sauerbrunnen wurde in diesem weltläufigen Schlesier-Bad bereits um 1580 entdeckt. Seitdem gibt es Brunnenwasser-Kuren und die Bühne der Berühmtheiten, die sich am „Schlesischen Sauerbrunnen" nach des Doktor Mogalla Rezepten labten. Friedrich der Große ist ebenso wie Wallenstein darunter. Dem Titelhelden der Schiller-Trilogie hat dieses Bad sogar eine Zeitlang gehört. Ebenso residierte hier Friedrich Wilhelm III. Ernst Moritz Arndt und Gneisenau besuchten ihn, um im Frieden der Trink-Kur-Gänge Allianz-Pläne „betreffs Österreich" zu schmieden.

73 LEWIN (HUMMELSTADT). Nach Auflösung der Herrschaft Hummel, einer Dynastenfamilie, erhielt die Stadt 1629 das Recht der freien Ratswahl. Die beliebte schlesische Holzlöffelmacherei hatte hier ihr Zentrum. Die Stadt hat mehrfach ihre Hoheits-Herren wechseln müssen. Einmal tschechisch, dann polnisch, dann deutsch, trug sie das Los der pointillistischen Politik zwischen den Kriegen gelassen. Ihr Stolz blieben ihr Handwerk, ihre Phantasie, ihre Pfarrkirche auf dem Hügel, nach dem Heiligen Erzengel Michael benannt.

74 BAD REINERZ. Bad Reinerz ist vielfächrig charakterisiert, natürlich als Heilstätte, aber auch als Stadt der Papiermühle, die das „milbenfreie“ Büttenpapier für die Urkunden des weiland Deutschen Reiches herstellte. Endlich haben sich Geistesgrößen der Literatur, der Musik, des Theaters in Bad Reinerz die Türklinken gereicht. Carl von Holtei hat Bad Reinerz mehr als einmal gerühmt. Der Komponist Felix Mendelssohn-Bartholdy hat hier bei seinem Onkel geweilt und musiziert. Frederic Chopin hat hier 1826 sein erstes ausländisches Konzert gegeben.

75 RÜCKERS. Rohrbach-Rückers war ein Güte-Zeichen für Glas. Rückers, am westlichen Eingang des Höllentales, 20 km südwestlich von Glatz, hat aber auch für die schlesische Protestation Bedeutung. 1580 war das Schloß im Besitz des Crato von Krafftheim, Arzt, Leibarzt dreier Kaiser und Freund Luthers und Melanchthons. Schon 1581 errichtete dieser Medikus und Reformierte in Rückers die erste reformierte Kirche Schlesiens. Sein Epitaph befindet sich in der Elisabethkirche von Breslau.

76 GRUNWALD. Diese bukolische Welt, die aber auch eine faunische Welt ist, die Welt des Grunwalder Forstes, ist des schlesischen Dichters gern besungene Wohnung. Gerhart Baron porträtiert sie so: „Mit Augen schwarz und glänzend schaut heraus / Aus Laubversteck und kühlem Wurzelhaus / Die Eidechs fremd, der glatte grüne Lurch. / Ein Kuckuck sagt mir vorlaut zwischendurch / Gespenstisch Tod und Lebensalter an. / Mein Herz erschrickt, ich glaube heimlich dran. / Die Lichtung leuchtet sonnenüberspült. / Der Wind in Tausendguldenwiesen wühlt.

77 BAD ALTHEIDE. Im Ausgang des von der Weistritz durchflossenen Höllentals liegt Bad Altheide, ursprünglich Erholungsstätte für Ordensleute des Jesuitenordens (vor 1788). Schließlich wegen seines Sauerbrunnens ein begehrtes Objekt für Wirtschaftler. So kaufte der Breslauer Brauer, der Geheime Kommerzienrat Dr. h. c. Georg Haase, das Bad und stattete es pompös aus. Es wurde zum Herz- und Nervenbad ausgebaut. Der Altheider Kohlensäuresprudel wurde weltberühmt. Als „Prinzensprudel". „Bad Altheide heilt's Herz!" wurde ein geflügeltes Wort.

78 HABELSCHWERDT. Eine vielumkämpfte Stadt: in den Hussitenkriegen 1429 wurde Habelschwerdt von Schlesiern, die gegen den taboritischen König Georg Podiebrad kämpften, gebrandschatzt. Ungarische Truppen und Panduren des legendären Rittmeisters Trenck brandschatzten es im Schlesischen Krieg 1745. Zündholzfabriken – auch mit dem Feuer liiert, aber positiv – haben Habelschwerdt darüber hinaus bekannt gemacht. Hermann Stehr ist 1864 hier zur Welt gekommen – er wurde 1940 auf dem Floriansberg beigesetzt. Sein Roman „Drei Nächte“ spielt in Habelschwerdt.

• MITTELWALDE.
:inwandindustrie und
ardinenfabrikation gaben
:r Stadt das Gepräge. In den
irchen blühte der barocke
tilo dolce", eine Variation
eser Stil-Epoche im
dlichen und südöstlichen
hlesien. Die Schiffskanzel
t eines der Interieur-Stücke
:s Sakralbaues im Osten,
ie er durch die Übernahme
:s Barock durch schlesische
irsten entwickelt worden ist.
in exemplarisches Stück,
seliert in Gold, ein
Kanzelhimmel", nach Art
ner „Bark", in solcher
omposition aus Symbol und
echnik einmalig.

80 WÖLFELSGRUND. Am Fuße des Glatzer Schneeberges liegt der Luftkurort und Wintersportplatz. Mittendrin, in einer engen Schlucht, stürzt der Wölfelsfall 28 Meter in die Tiefe. Er war Preußens größter natürlicher Wasserfall. Oft das Ziel frommer Berggänger ist die Bergkapelle Maria Schnee am Spitzigen Berge. Der Grafschafter Christoph Veit brachte einst aus Maria Zell in der Steiermark ein dem dortigen Gnadenbilde frei nachgeschnitztes Marienbildnis in die Heimat mit. Neben der „Maria-Schnee"-Kapelle wohnte ein Einsiedler, der sie auch betreute.

81 WILHELMSTHAL. Aufblühender Eisenbergbau und Silberfunde haben Wilhelmsthal zu einer freien Bergstadt gemacht. In der Nähe des beliebten Bergwanderziels, des Glatzer Schneeberges, wurde Wilhelmsthal vom Obermünzmeister Böhmens, Wilhelm Freiherr von Oppersdorf, gegründet. „Neustädtel", so wurde die Berg- und Silber-Perle der Grafschaft Glatz auch genannt; deshalb, weil sie – bis 1882 – die kleinste Stadt in Preußen war; weshalb sie – um die Frozzelei nicht länger ertragen zu müssen – hinfürder auf ihre Stadtrechte verzichtet habe.

82 BAD LANDECK IN SCHLESIEN. Friedrich der Große schon hat die warmen Quellen Bad Landecks genossen. Aber auch Zar Alexander der Erste ist Bad Landecks steter Besucher gewesen. Der Name dieses schlesischen Heilortes verquickt sich zugleich mit der Entdeckung des Moors als medizinischem Medium. Der preußische Klassizismus hat sich in den Bauten niedergeschlagen, den Tempeln des Gottes Asklepios, als welche die Kurarchitekten stilisiert worden sind. Bad Landeck ist eines der stärksten Radiumbäder Deutschlands geworden.

83 PATSCHKAU. Mauertürme und Tortürme gaben der Stadt den Nimbus eines „schlesischen Rothenburg“. Ein Kirchenlieddichter der frühen Renaissance, Peter von Patschkau, übertrug schon in der Mitte des 14. Jahrhunderts lateinische Kirchenlieder ins Deutsche. Elemente der Renaissance finden sich, als Lineamente, aber auch Giebel, an Patschkaus Bürgerhäusern. Tuchmacher-Reichtum machte sich geltend und bestimmte den patrizischen Stil des Lebens am Fuße des Reichensteiner Gebirges.

84 OTTMACHAU. Das Staubecken von Ottmachau wurde ein beliebter Anziehungspunkt für Ausflügler von nah und fern. Eine Propst-Stadt ist Ottmachau einmal gewesen, eine religiöse Zentrale mit einem Propst, einem Dechanten und 13 Domherren; die Hussiten zerstörten jedoch diesen quasi-bischöflichen Nimbus. Um so mehr entwickelte sich die Stadt mit der Mariensäule auf dem Ring zu einer Fabrik-Metropole (größte oberschlesische Zuckerfabrik). Der Stadtschreiber von Breslau, Franz Haber, ein humanistischer Dichter, stammt aus Ottmachau (1497 – 1565).

85 NEISSE. Das „schlesische Rom“, so heißt Neisse wegen des hervorragenden Anteils des katholischen Klerus an seiner Kultur. Zugleich ist Neisse die Stadt des Neisser Konfekts. Endlich kommt der Dichter aus dieser Stadt, der den Namen in die Literatur geschrieben hat: Max Hermann-Neisse. Er freilich ist ohne seinen Schulfreund und Gegenpol nicht zu denken, den Dichter Franz Jung, den sozialistischen Symbolisten, Absurdiker und Kauz. Eichendorff ist in Neisse gestorben; auf dem Neisser Jerusalem-Friedhof hat er sein Grab.

86 OELS. Oels ist eine Straßenknotenpunktstadt. Im Mittelalter teilte sich hier die Straße von Breslau über Hundsfeld in drei Teile nach Thorn, Lublin und Krakau. Selbst, 1432, zündeten die Oelser ihr Oels aus Furcht vor den Hussiten an. Offen war diese Stadt sowohl den Polen, die hier im 17. Jahrhundert ihre Bücher druckten, wie auch den Juden, die hier ihre hebräischen Schriften herstellten – eine Stadt Gutenbergs in Schlesien. An der berühmten Propstkirche und an vielen Bürgerhäusern in ihrer Arkadur hat Carl Gotthard Langhans mitgewirkt.

:7 BRIEG. Von den drei ›iastenresidenzen Liegnitz, Vohlau, Brieg ist Brieg liejenige, die durch Kultur-Aktivitäten am stärksten ıerausragt. „Hohes Ufer", so ıeißt Brieg ursprünglich: Wisokobrzeg. Die Nepomukstatue ist eine der ergreifendsten von den vielen n Schlesien. Der Mystiker Abraham von Franckenberg, Verbreiter des Werkes von akob Böhme, hat in Brieg ebenso wie der Liederdichter ohannes Heermann und der Gelehrte und Poet Friedrich von Logau gelebt. Eine Metropole der Barockliteratur strahlt neben Breslau und Glogau in Brieg.

88 KREUZBURG. Gustav Freytag, hier gebürtig, schildert in seinem Roman „Aus einer kleinen Stadt“ Kreuzburger Verhältnisse. Als Arzt vor ihm wirkte hier eine Weile Johann Christian Günther. Desgleichen stammt von hier der Dichter Heinz Piontek. „In den umbuschten Gehöften hatte sich der Mensch festgesetzt, stemmte er sich gegen den Sog aus den Steppen und Tundren, aus der Unabsehbarkeit des östlichen Raumes“. So charakterisiert er in seiner „Oberschlesischen Prosa“ die Standhaftigkeit und den Trotz-Geist Oberschlesiens, für den Kreuzburg ein Symbol ist.

9 FALKENBERG. Die Stadt
egt auf einer Höhe am linken
fer des Neiße-Zuflusses
einau zwischen
berschlesien und der
ittelschlesischen Ebene. Als
Valkenberch" wird sie 1290
stmals erwähnt. Eine
otische Pfarrkirche prägt den
arktplatz. Ihre spitztürmige
esamtstruktur ist
unstgeschichtlich originell.
urch Ziegeleien und
igewerke hat sich die zur
reisstadt erhobene Stadt ein
öheres Lebensniveau
schafft. Das diplomatisch
ervorgetretene Schlesien-
eschlecht der Grafen
raschma hat hier residiert.

90 OPPELN. Kalkschichten bilden den Untergrund. „Opole“ ist die polnische Bezeichnung eines kleineren territorialen Verbandes. Ganz im Anfang der deutschen Besiedlung Schlesiens stand die Gründung dieser Stadt – als Pendant zu einer polnischen Stadt. In den zwanziger Jahren war durch die Zeitschrift „Oberschlesien“, durch Karl Schodrok, Alfons Hayduck und Hans Niekrawietz Oppeln ein geistiger Treffpunkt. Franziskaner mit ihren Gemeindekirchen gaben der Stadt den sakralarchitektonischen Charme.

1 GROSS STREHLITZ.
)iese oberschlesische
:reisstadt hat nicht nur ein
.enaissance-Rathaus mit dem
ypischen Mittelpunktsturm
n Herzen. Sie ist auch durch
enaissancistische Magnaten –
vie die Grafen Colonna und
Castelle – geprägt. Die
öfischen Parks zeugen
avon. Noch Kaiser
Vilhelm II. zog es oft hierher.
'on Groß Strehlitz ging die
nitiative des Lehrers und
Heilpädagogen Joseph
Veichert aus, in Leschnitz das
is heute florierende
eilpädagogische Zentrum für
chwer erziehbare Kinder zu
ründen.

92 COSEL. Die Stadt liegt nur wenig unterhalb der Klodnitzmündung und des Klodnitzkanals. Von Cosel an ist die Oder schiffbar. Um 1390 wurde der Franziskaner Nikolaus von Cosel hier geboren, der erste Oberschlesier, der in die deutsche Literaturgeschichte eingegangen ist. In seiner Chronik ist auch ein Kapitel über den Brand von Cosel 1417 enthalten. Ende Januar 1807 standen vorwiegend bayrische Truppen vor der Stadt. Nach der Niederlage von Jena und Auerstädt versuchten sie vergeblich die Stadt einzunehmen. Eichendorff hat dies in seinem Tagebuch geschildert.

93 RATIBOR. Ratibor ist eine quicke oberschlesische Kulturstadt. Ein Theater war dort – das führte schlesische Dichter auf. Es war dort aber auch eine Schokoladenfabrik und ein Ursulinenkloster. Der erste Jahrmarkt ist hier 1275 erwähnt. Ratibor hatte – neben seiner katholischen Aktivität – zugleich ein munteres evangelisches Gymnasium, aus dem u. a. der Physiker Max Berek und der Komponist und Erneuerer der Evangelischen Kirchenmusik, Arnold Mendelssohn, hervorgingen.

94 LOSLAU. Zwischen Oder, Olsa, Weichsel und Ruda liegt diese oberschlesische Stadt, bemerkenswert durch einen Markt im Quadrat, aber auch durch Schuhmacher, die hier Schuhbänke unterhalten haben. Zwischen deutscher und polnischer Hauptbevölkerung wechselte die Stadt, die 1922 zu Polen kam. In ihre Herrschaft haben sich schlesische Noble von den Wilczeks über die Dietrichsteins bis zu den Strachwitz' geteilt. Die Minoritenkirche deutet auf das Franziskanische Element hin, das Loslau beherrscht hat.

95 TESCHEN. Die Geschichte dieser Vielvölkerstadt an der Olsa ist kunterbunt und kurios. Der schlesische Dichter Werner Steinberg hat in seinem Roman „Husarenstreich der Weltgeschichte“ das Abenteuer des „Freistaates Teschen“ beschrieben – Alleingang eines Pfarrers, der 1919 das „Selbstbestimmungsrecht der Völker“ für sich ausnutzte. Natürlich konnte sich ein Mini-Staat Teschen nicht halten. So wurde die geteilte Stadt, als teils polnische, teils tschechische, auch noch eine Vorläuferin Berlins und Jerusalems.

96 ANNABERG. Eine schlichte holzgeschnitzte Heilige Anna wird auf dem Annaberg verehrt. Als der Strom der Pilger wächst, gründet 1656 der legendäre Graf Melchior Gaschin aus Zyrowa das Franziskanerkloster auf dem Berge für 22 Mönche. Gaschin, der Schelm, von Alfons Hayduck in die Literatur eingeführt, ist Stifter dieses ernsten Ortes, der freilich auch durchaus komödienhafte Züge trägt. Während des Kulturkampfes in Preußen und im Zweiten Weltkrieg war der Annaberg säkularisiert. Nun ist er wie je Stätte des Glaubens.